세상에 대하여
우리가
더잘 알아야 할
교양

33

지은이 | 옮긴이 | 감수자 소개

지은이 **닉 헌터** Nick Hunter
청소년을 위한 책을 30권 이상 저술했습니다. 대학에서 현대사를 전공했으며, 역사나 사회과학 분야에 관한 책을 주로 씁니다. 작가가 되기 전에는 교육 전문 출판사에 근무했습니다. 저서로는 《이주(Immigration)》 《올림픽(The Olympics)》 《스티브 잡스(Steve Jobs)》 등이 있습니다.

옮긴이 **이은주**
이화여자대학교 법학과를 졸업하였으며, 전문 번역가로 활동하고 있습니다. 주요 역서로는 《2020 대한민국 다음 십 년을 상상하라: 세계를 움직이는 30인이 바라본 한국의 미래》 《2020년 중국: 세계적 석학들의 중국 경제 전망》 《크래시 코스: 시한부 세계 경제의 진실을 말하다》 《맬서스, 산업 혁명 그리고 이해할 수 없는 신세계》 등이 있습니다.

감수자 **최종근**
서울대학교 자원공학과를 졸업하고 미국 텍사스 A&M대학교에서 박사 과정을 공부했으며 현재는 서울대학교 에너지자원공학과 교수입니다. 저서로는 《해양 시추 공학》 《석유 개발 공학》 《지구 통계학》 등이 있습니다.

세 상에 대하여
우리가
더 잘 알아야 할
교양

닉 헌터 글 | 이은주 옮김 | 최종근 감수

33

해양석유시추

문제는 없는 걸까?

내인생의책

차례

※ 본문의 **굵은 글씨**로 표시된 단어는 88쪽 용어 설명에서 찾아보세요.

| 감수자의 말 |

우리 생활에서 석유는 아주 중요한 역할을 합니다. 석유 덕분에 우리는 자동차나 기차로 여행을 떠날 수 있고 전기를 사용할 수 있습니다. 또한 석유에서 추출한 아스팔트로 도로를 포장하고 플라스틱과 화장품, 옷, 신발 등을 만들지요. 만약 석유가 없다면 국가 경제에도 심각한 위기가 닥쳐올지 모릅니다.

석유는 몇몇 국가에만 편중되어 매장되어 있고, 재생이 불가능한 자원입니다. 따라서 언젠가 우리는 석유를 사용할 수 없게 될지도 모릅니다. 내륙에서 채취할 수 있는 석유가 고갈되고 있는 이 시점에 해양석유시추는 에너지 위기를 해결할 대안입니다.

하지만 해양석유시추에 모든 희망을 걸기에는 아직 해결해야 할 문제가 많습니다. 먼저 안전에 대한 문제입니다. 해양석유시추는 바다 밑에 있는 지층 속 석유를 캐내는 작업인데 바다에는 높은 파도, 깊은 수심, 낮은 온도, 불안정한 해저면 등 사고를 일으킬 요인이 도처에 깔려 있습니다. 그런데 이를 통제하기란 여간 까다로운 게 아닙니다. 또한 바다 위에서 이루어지는 작업이기에 사고가 났을 때 육지에서처럼 빠르게 대처하기 힘듭니다.

환경오염도 중요한 문제입니다. 해양석유시추를 위해 유전을 재탐사하고 시추 구조물을 세우는 과정에서 해양 환경이 파괴될 수 있습니다. 또한 시추를 시작한 뒤에도 유정이 붕괴되거나 송유관에 문제가 생기면 석유가 유출되어 바다가 오염될 수 있어요. 바다가 오염되면 다시 예전 상태로 회복하는 데 엄청난 시간이 걸립니다.

해양석유시추에는 사고를 일으킬 위험 요소가 너무도 많습니다. 그런데도 해양석유시추를 계속하는 이유는 앞에서 말한 대로 우리가 가진 석유가 점차 고갈되고 있기 때문입니다. 또한 현재 내륙에서 채취하는 석유의 공급 체계에는 정치적, 경제적 이해관계가 매우 복잡하게 얽혀 있습니다. 따라서 이러한 이해관계에서 비교적 자유로운 바다의 유전을 발굴하여 자원을 확보하고 싶어 하는 것이지요.

이 책은 해양석유시추의 개념과 진행 과정 등 해양석유시추를 이해하는 데 필요한 기본 지식을 친절하게 알려 줍니다. 또한 해양석유시추의 이면에 존재하는 정치, 경제 구조를 이야기하며 청소년들이 해양석유시추에 대한 다각적 시야를 키우는 데 도움을 줍니다. 나아가 해양석유시추의 장점과 단점을 모두 살펴보며 현재 자원 부족과 에너지 문제의 원인과 해결 방안이 무엇인지 생각해 볼 기회를 줍니다. 이 책을 통해 청소년들이 석유 에너지와 해양 시추를 더 잘 이해하고 현재 국제적 이슈인 '지속가능한 발전'의 방안을 구상해 볼 시간을 가졌으면 좋겠습니다.

최종근 서울대학교 에너지자원공학과 교수

들어가며 : 검은 금

2010년 4월 20일 멕시코 만의 미국 루이지애나 주 연안과 84킬로미터 떨어진 지점에서 작업 중이던 석유 시추선 딥워터호라이즌호가 폭발했습니다. 이 사고로 작업자 11명이 사망했지요. 시추선은 화염에 휩싸인 채 1,500미터 해저로 침몰했고 곧 시추 작업 중이던 유정에서 엄청난 양의 원유가 새어 나오기 시작했습니다.

원유가 바다를 뒤덮자 물고기들이 떼죽음을 당했습니다. 더 큰 피해를 막기 위해 원유가 새어 나오던 유정을 막는 작업을 진행했지만 쉽지 않았습니다. 시추 작업자, 정치인, 어민 단체는 물론이고 멕시코 만 연안 지역 주민을 포함한 전 세계인의 이목이 집중되었습니다. 긴 노력 끝에 손상된 유정에서 계속 흘러 나오던 원유가 마침내 잦아들었습니다.

미국 연안 지역 인근 해상에는 약 4,000개나 되는 석유 및 천연가스 시추선이 작업 중입니다. 그래서인지 멕시코 만 연안에 사는 사람들은 해양석유시추에 무감각했습니다. 그러나 딥워터호라이즌호 폭발 사고가 일어나자 사람들은 해양석유시추가 얼마나 큰 재앙을 불러올 수 있는지 새삼 깨달았습니다.

석유를 탐사하는 일은 기술과 안전의 한계를 늘 시험하는 작업이라고 할 수 있습니다. 새로운 유전(油田)을 찾아서 깊은 바닷속같이 사람들이 도달하기 어려운 곳을 가다 보니 안전 문제에 대한 걱정이 점점 커질 수밖에 없거든요. 유전을 탐사하고 석유를 시추하는 일이 매우 위험하다는 것을 알면서도 석유 회사와 정부가 이 작업을 가치 있다고 생각하는 이유는 무엇일까요? 오늘날 석유는 매우 귀중한 자원이기 때문이에요. 세계의 거대 기업 중에는 석유 회사가 아주 많습니다. 그리고 세계 최대 갑부 명단에는 사우디아라비아나 아랍 에미리트같이 석유가 엄청나게 묻힌 지역의 통치자가 많습니다. 석유는 워낙 귀중한 자원이라서 흔히 '검은 금'이라고도 부르지요.

석유가 없는 세상

이 세상에 석유가 없다면 어떻게 될까요? 이것만 생각해 보아도 석유가 얼마나 중요한지 금방 알 수 있습니다. 석유가 없으면 여행을 할 수 없을 거예요. 오늘날의 교통수단은 대부분 석유에 의존하고 있거든요. 항공기도 석유를 연료로 사용하지요. 석유가 없다면 석탄이나 천연가스 같은 다른 화석 연료를 사용하여 기차와 배를 움직여야 하겠지요. 또 석유가 없으면 도로가 이동하기 힘들 정도로 험할 것입니다. 아스팔트 포장을 해야 도로가 매끄럽고 비바람에도 끄떡없는 상태가 되는데 도로 포장에 사용되는 아스팔트가 석유에서 나오기 때문이지요.

석유가 없어도 전기로 자동차를 움직일 수 있습니다. 하지만 전기 자

▌석유가 바다에 유출되면 해양 생물과 조류 생태계에 심각한 피해를 줄 수 있다.

동차에 관한 기술은 완전히 개발되지 않았고 사람들은 석유 자동차에 더 익숙합니다. 난방용으로도 석유를 주로 사용하고 있기 때문에 만약 석유가 없다면 집 안을 따뜻하게 해 줄 다른 무언가를 찾아야 할 거예요.

석유는 플라스틱에서 페인트까지 수많은 화학 제품을 만드는 데 사용됩니다. 여러분이 사는 집 안을 한번 둘러보세요. 석유로 만든 물건이 여기저기 많이 눈에 뜨일 거예요. 옷장과 신발장에는 화학 섬유로 만든 옷과 신발이 있고 주방에는 비닐 봉지와 플라스틱 그릇이 있으며 욕실에는 합성 세제가 있습니다. 이 모든 것이 다 석유로 만든 제품이지요.

석유가 없는 세상을 과연 상상이나 할 수 있을까요? 석유가 생성되려면 1억 년이라는 긴 시간이 필요합니다. 따라서 지구 상의 석유가 고갈되면 천문학적인 시간이 흐른 뒤에야 다시 석유를 사용할 수 있습니다.

새로운 석유 매장지 찾기

지금 지구에는 석유가 얼마나 남아 있을까요? 그 양을 정확히 아는 사람은 아무도 없습니다. 석유가 당장 부족하지는 않아요. 다만 캐내기 쉬운 곳의 석유 매장량이 점점 줄어드는 탓에 심해처럼 몇 년 전까지만 해도 접근이 불가능했던 장소에서 석유를 얻고 있지요. 하지만 딥워터호라이즌호 원유 유출 사고에서 볼 수 있듯이 깊은 바닷속에서 석유를 탐사하고 시추하는 것은 참으로 위험한 일입니다. 지구의 석유가 다 떨어지면 어떻게 해야 하는 걸까요? 앞으로 우리는 석유를 어디에서 얻어야 할까요?

해양석유시추란 무엇일까요?

해양석유시추란 바닷속의 석유를 채굴하는 작업을 말합니다. 석유는 암석층으로 된 해저 대륙붕을 비롯하여 바닷속에 깊숙이 묻혀 있지요. 사실 '시추'라는 단어의 본뜻은 땅에 구멍을 뚫는 것을 말하지만 해양석유시추라고 할 때는 바닷속의 지층에 구멍을 뚫고 석유를 끌어 올리는 모든 과정을 말해요.

1947년

멕시코 만에 세계 최초로 해양 **시추선**이 등장했습니다. 멕시코 만의 시추선을 기점으로 세계 각지에서 수천 대의 해양 시추선이 나타나기 시작했습니다. 물론 이때는 지금처럼 기술이 발전되지 않아서 얕은 바다에서만 시추 작업을 진행했지요.

▌ 바다 깊은 곳에서 석유를 시추하는 일은 매우 어렵고 위험하며 많은 비용이 드는 작업이다.

석유의 일생

　해저 **유전**에서 끌어올린 석유를 원유라고 한다. 원유에는 수많은 물질이 포함되어 있다. 이 원유를 사용하려면 정제 과정을 거쳐야 한다. 따라서 해저에 설치된 **송유관**을 통해 원유를 정유 시설로 보낸다. 정유 시설에서는 **증류** 과정을 거쳐 원유에 포함된 여러 가지 물질을 분리한다. 플라스틱에서 의약품에 이르기까지 원유에서 수없이 많은 석유 화학 제품을 만들 수 있다. 그러나 석유 화학 제품은 원유에서 얻을 수 있는 결과물의 극히 일부분에 지나지 않는다.

석유는 어디에서 나올까요?

　해양석유시추를 시작한 이래 멕시코 만 앞바다에는 시추선과 시추 구조물이 여러 개 생겨났습니다. 하지만 1980년대가 되자 이 지역에서 석유를 생산하는 일이 어려워졌습니다. 당시 기술 수준으로는 수심 450미터까지밖에 들어갈 수 없었는데, 그 정도 깊이에 있는 유전은 이미 거의 발굴된 상태였거든요. 석유를 더 생산하려면 바닷속으로 더 깊이 들어가는 기술을 개발해야 했습니다. 마침내 1985년 거대 석유 회사인 쉘이 수심 953미터 아래까지 내려가서 석유를 찾아내는 데 성공했습니다. 이에 따라 다시 해양석유시추 작업이 경쟁적으로 이루어졌습니다.

　해양석유시추란 바닷속 석유를 채굴하는 작업을 말합니다. 석유는 암석층으로 된 해저 **대륙붕**을 비롯하여 바닷속 지층 깊숙이 묻혀 있지요. 사실 '시추'라는 단어의 본뜻은 땅에 구멍을 뚫는 것을 말하지만 해양석유시추라고 할 때는 바닷속 지층에 구멍을 뚫고 석유를 끌어 올리는 모든 과정을 말해요.

석유는 수백만 년에 걸쳐 서서히 생성됩니다. 식물과 동물이 죽어서 지표면 근처 **퇴적암** 속에 묻히면 이 퇴적암 위로 다시 새로운 암석층이 계속 쌓이고 그 안에서 썩어 가던 동식물에 열과 압력이 가해지면서 석유와 천연가스로 변하게 되는 것이지요. 이렇게 만들어진 석유와 천연가스는 액체가 스며 나올 수 있는 **다공성** 암석을 통해 지표면으로 흘러 나옵니다.

석유가 우리가 사용할 수 있는 상태로 되려면 퇴적암층 아래 특정한 공간 속에 갇혀 있어야 합니다. 그래야 석유가 다른 곳으로 빠져나가지

❙ 석유는 퇴적암의 특정한 공간 속에 묻혀 있다.

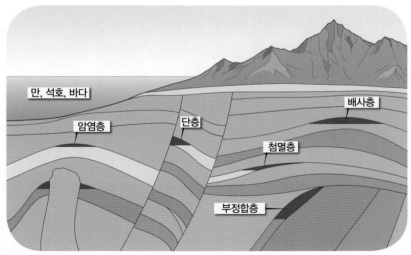

만, 석호, 바다

암염층

단층

배사층

첨멸층

부정합층

않고 액체 상태로 한곳에 모여 있을 수 있기 때문이지요. 이렇게 석유가 모여 있는 공간을 '지류층'이라고 해요.

깊은 바닷속에서 석유를 찾는 일은 경비도 많이 들고 까다롭습니다. 따라서 석유 탐사팀은 석유가 있을 만한 곳을 철저히 조사한 다음에 작업을 시작해야 합니다. 깊은 바닷속의 유전에서 석유를 시추하는 데는 약 1,100억 원이라는 어마어마한 비용이 드는데 시추에 실패하면 이 비용을 다 날리게 되거든요. 그러나 시추에 성공하면 아주 큰 이득을 보기 때문에 석유 회사들은 기꺼이 위험을 감수합니다.

해양석유시추는 어디에서 이루어질까요?

인류가 석유를 사용한 역사는 아주 오래되었습니다. 기원전에는 석유를 이용하여 조각상을 만들기도 했지요. 하지만 오랜 석유의 역사에 비해 해양석유시추 기술은 비교적 최근에 개발되었습니다. 현재 여러 석유 회사가 세계 곳곳에서 해양석유시추를 활발히 진행하고 있지요. 해양석유시추 기술이 개발된 초창기에는 주로 브라질과 서아프리카 연안 해역 그리고 멕시코 만에서 시추 작업이 진행되었습니다. 하지만 이제는 영역을 넓혀 세계 곳곳의 바다에서 작업을 하고 있지요. 그중 그린란드와 가까운 북극 해역은 시추 작업의 찬반 여부를 두고 논란이 뜨거운 지역입니다. 그린란드 인근 해역은 오랫동안 빙하로 뒤덮여 있던 곳으로, 인간의 발길이 거의 닿지 않아 지구에서 가장 청정한 지역이기 때문입니다. 환경운동가들은 시추 작업으로 그린란드 해역의 환경이 파괴될 가능성이 매우 높다고 이야기합니다.

남대서양에 있는 포클랜드 제도의 해양석유시추에 대해서도 논란이 많습니다. 포클랜드 제도는 영국의 영토인데 아르헨티나는 이곳이 자국의 땅이라고 주장하기 때문이에요. 1982년에 아르헨티나가 포클랜드를 침공한 것을 시작으로 이 지역에서 여러 차례 마찰이 빚어졌습니다.

세계 석유 매장량

사우디아라비아, 이란, 이라크, 쿠웨이트를 포함한 주요 석유 생산국 대부분이 중동이라고 일컬어지는 페르시아 만 부근에 있습니다. 사우디아라비아의 석유 매장량은 미국보다 10배나 많지요. 이들 국가가 생산하는 석유는 주로 내륙이나 **연근해**에 매장되어 있습니다.

중동 국가는 엄청난 석유 매장량 덕분에 부자가 되었다. 서방 국가들은 석유 공급에 대한 통제권을 더 많이 행사하고 싶어 한다.

최근 20년간 해양석유시추가 활발히 진행되고 있기는 하지만 중동 지역의 석유 생산량에 비하면 해양석유시추로 얻는 석유의 양은 아주 적습니다. 그런데 해양석유시추에 왜 그렇게 관심이 많은 걸까요? 세계 석유 산업의 **지형도**를 보면 알 수 있습니다.

엑슨모빌과 쉘, BP는 대표적인 거대 석유 회사입니다. 그런데 이 세 회사는 전 세계 내륙에 매장된 석유의 겨우 10퍼센트에 대한 통제권만을 갖고 있어요. 나머지 90퍼센트에 대한 통제권은 사우디아라비아나 쿠웨이트처럼 석유로 부유해진 국가의 **국영** 석유 회사들이 가지고 있습니다. 하지만 바다에 매장된 석유는 이들 중동 국가의 통제에서 비교적 자유롭습니다. 따라서 거대 석유 회사들이 바다에서 석유를 생산하려 애를 쓰는 것이지요.

사우디아라비아나 이란 같은 중동 국가에 매장된 석유의 양은 엄청납니다. 하지만 민간 석유 회사들은 이 석유에 대한 통제권이 없지요. 그래서 그들은 어디서든 석유를 찾아내려고 혈안이 되어 있습니다. 세계에서 석유를 가장 많이 사용하는 나라는 이들이 석유를 주로 공급하는 미국과 중국 그리고 유럽 연합이거든요.

간추려 보기

- 해양석유시추란 바닷속 지층에 묻힌 석유를 찾아 생산하는 일을 말한다. 석유는 수천 년 동안 식물과 동물의 시체가 퇴적물 속에서 부패하여 만들어진 물질로 우리 생활에 꼭 필요한 자원이다.
- 해양석유시추는 석유가 묻혀 있다고 추측되는 바다 곳곳에서 활발히 이루어진다. 하지만 해양석유시추로 생산하는 석유의 양은 이란이나 쿠웨이트 같은 중동 지역 국가의 생산량보다 적은 편이다.

2

해양석유시추는
어떻게 이루어질까요?

유전 탐사와 시추는 수백 명이 참여하는 매우 복잡하고 어려운 작업입니다. 이 과정에서
잘못될 수 있는 일이 한둘이 아니에요. 그렇다면 석유 탐사와 시추 과정에서 발생할 수 있
는 위험에는 어떤 것이 있을까요? 또 이러한 위험을 최소화하려면 어떻게 해야 할까요?

해양석유시추에 성공하면 어마어마한 경제적 보상이 따릅

니다. 그러나 바닷속 지층에서 석유를 발견하는 일은 매우 어렵고 돈도 많이 들어갑니다. 따라서 석유 회사는 시추 작업을 하기 전에 먼저 조사와 연구를 철저히 해야 합니다. 심해 유전 탐사에 필요한 장비와 기술을 개발하는 것도 중요하지요.

해저 지도 작성

해양석유시추의 첫 단계는 해저 지도를 작성하는 것입니다. 석유가 묻혀 있을 만한 암반층을 찾으려면 정밀한 해저 지도가 필요합니다. 고작 1미터 차이로 수조 원의 석유를 얻을 수도 있고 반대로 텅 빈 유전을 발견할 수도 있기 때문이지요.

해저 지도를 작성하려면 철저한 사전 조사가 선행되어야 합니다. 바닷속의 지형은 어떠한지, 수심은 얼마나 되는지 등을 조사하는 것이지요. 사전 조사를 할 때는 수중 **음파** 탐지기를 이용합니다. 사전 조사팀이 탐지기가 갖춰진 배를 타고 해상을 이동하면서 수중으로 음파를 쏘고, 해저에 닿았다가 되돌아오는 음파를 분석하여 해저 지도를 작성하지요. 이때 되돌아오는 음파를 '반사파'라고 해요.

사전 조사팀이 탄 배 뒤편에는 긴 띠가 달려 있습니다. 이 긴 띠 위에는 반사파를 수신하는 감지기가 수천 개 설치되어 있지요. 감지기가 반사파를 수신하면 컴퓨터가 이를 분석하여 3차원 해저 지도를 만듭니다. 지도에는 해저의 다양한 지층이 표시되는데 **지질학자**가 이 지도를 보고 석유가 묻혀 있을 만한 암반층을 찾아낸답니다.

지질학자가 석유가 있다고 추측되는 암반층을 찾으면 석유 회사는 그곳으로 가서 탐사 시추를 합니다. 탐사 시추란 본격적으로 석유를 채굴하기에 앞서 유전이 있다고 예상되는 암반층에 시험삼아 시추하는 단계를 말합니다. 석유가 있는지 없는지 마지막으로 확인해 보는 것이지요. 석유 업계의 한 전문가는 탐사 시추에 대해 "수천 미터 깊이의 해저

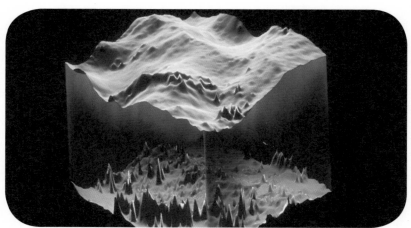

지질 탐사선으로 수집한 데이터를 이용하여 컴퓨터가 만들어낸 해저 이미지다. 지질학자는 이 데이터로 암반의 모양과 형태를 비교적 자세하게 알아낼 수 있다.

암반층을 파 내려가는 것은 물과 바위로 가득 찬 2층짜리 건물 속을 뚫고 내려가는 것과 같습니다."라고 말했어요. 2층 건물 맨 밑바닥에 동전만 한 석유 매장지가 있다고 생각해 보세요. 시추를 한다는 것은 건물 꼭대기의 성냥갑만 한 시추 구조물에서 머리카락처럼 가느다란 착암기로 이 작은 동전에 닿으려 하는 것과 같답니다.

알아두기

석유가 매장된 지역을 유전이라고 한다. 반면 유정은 유전에서 원유를 산출하기 위해 우물처럼 인공적으로 만든 샘을 말한다.

유정 시추

탐사 시추로 석유가 있다는 것을 확인하면 본격적으로 시추 작업을 진행합니다. 이것을 유정 시추라고 해요. 해저 지층에 구멍을 뚫고 석유를 뽑아 올리려면 튼튼한 **시추관**이 필요합니다. 시추관의 무게는 미터당 30킬로그램이나 나갑니다. 따라서 시추관을 지탱하려면 엄청나게 큰 시추 구조물이 필요하지요. 멕시코 만의 시추 작업에 사용한 쉘 사의 페르디도 시추 구조물은 높이가 파리 에펠탑에 버금갈 정도였습니다.

해양석유시추를 하는 모습을 상상해 보세요. 제일 먼저 시추선이라는 거대한 배가 떠오를 거예요. 하지만 시추선은 여러 해양 시추 구조물 가운데 한 요소일 뿐입니다. 시추선은 불안정하기 때문에 직접 석유를 생산하기보다 유전을 탐사하는 데 주로 사용되지요. 시추 구조물에는 해저 바닥에 직접 뿌리를 내린 구조물이나 물 위에 떠 있는 부유 구조물, 섬처럼 생긴 구조물 등 다양한 종류가 있어요.

시추 구조물은 한곳에 고정되어 있어야 합니다. 시추 작업 중에 구조물이나 배가 풍랑에 휩쓸리거나 전복되어 버리면 큰 문제가 생기거든요. 시추선의 경우 네 귀퉁이에 거대한 엔진을 설치하여 물살에 저항합니다. 때로는 거대한 닻을 이용하기도 하지요. 그런데 아주 깊은 바닷속에서 작업을 할 때는 강한 해류 때문에 이러한 방법들이 별로 효과가 없습니다. 이때는 GPS(Global Positioning System, 위성 위치 확인 시스템)에 연결된 스러스터(Thruster, 위치 및 자세 제어 분사기)를 이용하여 배를 고정시킵니다. 위성 신호로 위치를 측정하여 구조물이 움직이면 스러스터가 작동해 위치를 일정하게 유지하는 것입니다.

시추 구조물을 고정시킨 뒤에는 유정을 만들기 위해 해저 지층에 구멍을 뚫습니다. 해저 지층을 뚫고 내려가는 기구를 **착암기**라고 하는데 착암기는 시추관의 역할도 합니다. 더 정확히 말하자면 시추관의 끝을 날카롭게 만들어서 딱딱한 해저 암반에 구멍을 뚫는 거예요. 착암기 끝에는 작업 지점의 온도와 압력을 측정하는 장치가 달려있습니다. 이를 이용해 그 지점에 **전기 저항**이 있는지 없는지도 파악하지요. 석유는 전기가 통하지 않는 물질이라서, 석유가 있으면 전기 저항이 높게 나타나요. 착암기가 물속으로 내려갈 때는 공기층이나 단층 지점을 건드리지 않도록 처음에 계획했던 경로로 정확하게 목표 지점에 도달해야 사고가 일어나지 않습니다.

전기 저항이 측정되면 시추관을 통해 물과 점토를 혼합한 '시추 이수'라는 물질을 **시추공**에 주입합니다. 시추 이수는 시추관의 열을 식혀 주고 유정 내 압력을 일정하게 유지하는 역할을 하지요. 유정의 압력이 너무 낮으면 외부 압력 때문에 유정이 무너집니다. 반대로 유정의 압력이 너무 높으면 유정 내벽의 틈새가 벌어져서 시추 이수가 다 빠져나가요. 시추 이수를 주입하는 것으로 유정을 만드는 과정이 완료되면 본격적으로 석유를 생산합니다.

석유는 다공성 암석 안에 들어 있습니다. 다공성 암석은 스펀지와 비슷한 구조인데 스펀지보다 딱딱해요. 시추관이 유전에 닿으면 암석에

집중탐구 해양석유시추에 필요한 비용

석유 회사는 시추할 대륙붕을 정한 뒤 그 대륙붕을 소유한 국가에 비용을 지불하고 **임대** 계약을 맺는다. 석유가 있다는 확신은 없지만 있기를 기대하면서 대륙붕을 빌리는 것이다. 그다음 지질 조사와 기타 해저 조사 작업을 바탕으로 해저 지형도를 만드는데, 잠수 로봇을 이용하기도 한다. 잠수 로봇을 사용하는 데는 많은 비용이 든다.

바닷속을 뚫고 들어가는 시추선의 사용비는 약 6,574억 원이다. 하루 사용비만 2억 원이 넘는다. 만약 석유가 발견되지 않으면 이 돈을 다 날리게 된다. 따라서 해저 시추 작업은 신속하고 정확하게 이루어져야 한다. 물론 안전도 이에 못지않게 중요하다. 작업 중에 사고가 나면 큰 손실이 발생하기 때문이다.

거대한 압력이 가해져 석유나 천연가스가 위로 분출됩니다. 탄산 음료 병의 마개를 땄을 때 거품이 솟아오르는 것과 비슷하지요. 이때 시추공에서 분출된 석유는 아주 뜨겁고 바닷물은 아주 차갑습니다. 따라서 석유가 변질되는 것을 막기 위해 시추관은 열과 냉기에서 철저히 보호되어야 해요.

유정에서 석유를 채굴한 뒤에는 수많은 유정과 연결된 거대한 **석유 플랜트**로 석유를 운송합니다. 시추 구조물에서 작업하는 사람들은 석유가 해수면 위로 솟구쳐 오르는 광경을 눈으로 볼 수 없어요. 석유를 시추하자마자 수중 송유관 시설을 통해 연안에 있는 **집유소**로 보내기 때문이지요.

해양석유시추의 어려움

석유 탐사와 시추는 수백 명이 참여하는 매우 복잡하고 어려운 작업입니다. 이 과정에서 잘못될 수 있는 일이 한둘이 아니에요. 그렇다면 석유 탐사와 시추 과정에서 발생할 수 있는 위험 요소는 어떠한 것이 있을까요? 또 이러한 위험을 최소화하려면 어떻게 해야 할까요?

일단 심해에서 시추 작업을 하려면 사전에 그리고 작업 중에도 필요한 정보를 꼼꼼히 수집해야 합니다. 하지만 그렇게 한다고 문제의 소지가 완전히 사라지지는 않습니다. 작업 도중에 해일이나 태풍으로 시추 장비가 고장나거나 파손될 수 있거든요.

바다에서 시추 작업을 하다 보면 여러 가지 문제가 발생할 수 있습니다. 예를 들어 금속으로 된 시추선과 시추 장비에 소금물이 닿아 부식될 수 있지요. 또한 수심 1.6킬로미터가 넘는 곳에서 작동하다 보니 장비에 엄청난 수압이 가해집니다. 게다가 **어는점**을 약간 웃도는 낮은 수온 때문에 천연가스가 **고형 결정체**로 변해서 시추 장비가 제 기능을 다하지 못할 수도 있어요. 하지만 이러한 사고가 일어나도 유정이 너무 깊은 곳에 있어서 잠수부가 직접 내려가 장비를 수리하거나 점검할 수 없지요.

　시추 구조물이 육지에서 멀리 떨어져 고립된 것도 위험 요인입니다. 심지어 어떤 구조물은 해안에서 322킬로미터나 떨어져 있습니다. 이렇게 고립된 시설물에서 수백 명이 작업을 하지요. 행여나 플랫폼에서 큰 사고가 나면 구조대가 올 때까지 속수무책으로 기다려야 해요. 이러한 위험 요인에 대해 석유 회사들은 안전이 최우선이며 사고가 발생하는 경우는 아주 드물다고 말합니다. 그러나 일단 사고가 나면 인명과 환경에 치명적인 해를 끼칠 수 있습니다.

　망망대해에서 작업하는 대형 시추 구조물은 온갖 자연의 위협에 맞서야 합니다. 특히 해양석유시추가 활발히 이루어지는 멕시코 만과 동아시아의 열대 지역에는 허리케인이 자주 발생합니다. 허리케인이란 시속

119킬로미터가 넘는 속도로 휘몰아치는 강력한 폭풍으로, 허리케인이 예상될 때는 작업을 중지하고 시추 구조물도 폐쇄해야 하지요. 아무리 큰 구조물이라도 허리케인이 발생하면 피해가 클 수밖에 없습니다. 해안으로 석유를 수송하는 송유관 시설도 위험하기는 마찬가지입니다.

해양석유시추에는 늘 위험이 도사리고 있습니다. 따라서 석유 회사들은 사고를 일으킬 요소를 파악하고 적절한 대책을 세워야 하지요. 철저한 안전 수칙을 세우고, 허리케인이 자주 일어나는 시기에는 시추 작업을 중단하여 사고가 일어날 가능성을 미연에 방지해야 합니다. 또한 석유 유출 사고가 일어날 때를 대비하여 수습 대책을 세워야 합니다.

간추려 보기

- 해양석유시추는 먼저 유전이 있을 것이라고 추측되는 바다를 탐사하여 지도를 작성한 뒤 유정에서 석유를 추출하여 인근 해안으로 보내는 방식으로 이루어진다.
- 해양석유시추에는 높은 수압과 낮은 온도, 허리케인 같은 위험 요소가 존재한다. 사고를 예방하기 위해 석유 회사들은 항상 철저한 조사와 감독을 해야 한다.

CHAPTER

3

해양석유시추의 위험성

2010년 4월 20일 오전 9시 30분 미시시피 캐니언에서 시추 이수와 해수가 유정 밖으로 솟구쳐 딥워터호라이즌호의 시추관을 타고 솟아오르기 시작했습니다. 잠시 뒤 가스가 해수면에 도달하면서 엄청난 폭발음이 들리고 시추선이 흔들렸습니다. 이 폭발로 작업자 11명이 사망하고 수많은 사람이 부상을 당했습니다. 화재가 걷잡을 수 없는 지경에 이르자 100여 명이 넘는 사람들이 배와 비행기를 타고 대피했습니다. 시추선은 36시간 동안 불타오르다 결국 침몰하고 말았습니다.

딥워터

호라이즌호는 최신식 시추선이었습니다. 2010년 4월 딥워터호라이즌호는 수심 5,600미터 깊이까지 뚫고 내려가 석유를 시추했습니다. 딥워터호라이즌호가 시추한 유정은 멕시코 만 미시시피 캐니언의 수심 약 1,500미터 지점에 있었지요. 유정의 소유자는 거대 석유 회사인 영국의 BP였습니다.

▌화재 진압선이 필사적으로 딥워터호라이즌호의 화재를 진압하고 있다.

딥워터호라이즌호 원유 유출 사고

2010년 4월 20일 오전 9시 30분에 미시시피 캐니언에서 딥워터호라이즌호의 시추관을 타고 시추 이수와 해수가 유정 밖으로 솟구치기 시작했습니다. 잠시 뒤 유정 내부의 가스가 해수면에 도달하면서 엄청난 폭발음이 들리고 시추선이 흔들렸습니다. 이 폭발로 작업자 11명이 사망하고 수많은 사람이 부상을 당했습니다. 화재가 걷잡을 수 없는 지경에 이르자 100여 명이 넘는 사람들이 배와 비행기를 타고 대피했습니다. 시추선은 36시간 동안 불타오르다 결국 침몰하고 말았지요.

해수면에서 5.6킬로미터 아래의 유정이 파괴되면서 원유 수천 리터가 새나왔습니다. 이 사고는 해양 환경과 연안 주민에게 엄청난 재앙으로 다가왔습니다. 어부에서 해변의 호텔을 소유한 사람에 이르기까지 멕시코만 연안에 있는 모든 사람의 생계가 이 바다와 해변에 달려 있었거든요.

딥워터호라이즌호 참사는 여러 가지 원인이 복합적으로 작용하여 발생했습니다. 우선 시추 작업이 진행되던 유정의 시멘트 내벽에 문제가 있어 유정 내부에 있던 메탄가스가 새어 나왔습니다. 시추선의 작업자들은 이를 눈치채지 못했고 결국 내부 압력이 낮아지면서 유정이 붕괴되었지요. 또한 가스가 해수면까지 올라가지 않도록 유정 상층부에 부착된 분출 방지 장치가 작동해야 했는데 이 장치가 작동하지 않았습니다. 게다가 작업자들이 안전 관련 수칙을 준수하지 않았고요.

이 사고에는 시추선의 소유주인 트랜스오션과 유정의 시멘트 밀봉 처리를 담당했던 핼리버튼이라는 두 회사가 관련되어 있었습니다. 두 회사는 유정 자체가 허술하게 설계되었고 유정을 소유한 BP 측이 비용

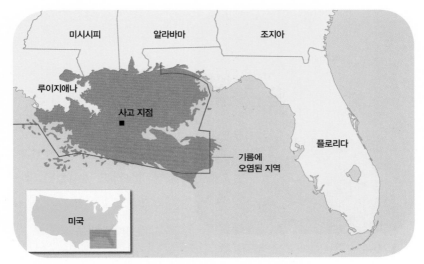

❙ 이 지도에는 딥워터호라이즌호 사고로 타격을 입은 지역이 나타나 있다.

을 줄이려고 안전 문제를 소홀히 하여 사고가 일어났다며 책임을 떠넘
겼어요.

사고 원인

사람들은 사고가 일어난 뒤로 원유 유출을 막기 위해 여러 가지 방법
을 시도했습니다. 그러나 모든 노력이 실패로 돌아갔지요. 그러자 관계
당국과 언론은 유정 사고에 대한 적절한 수습 대책이 마련되어 있었는
지에 관심을 돌렸습니다. 그런데 BP가 유정 시추에 들어가기 전에 세워
두었던 수습 대책은 참으로 한심했습니다. 원유 유출 사고가 발생할 가
능성이 적다고 말하면서 별다른 대책을 세우지 않았던 거예요.

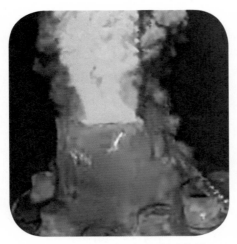
사고가 터지고 나서 날이 갈수록 원유 유출량은
점점 늘어났다.

딥워터호라이즌호의 원유 유출은 거의 3개월 동안 지속되었고 결국 사상 최악의 원유 유출 사고로 기록되었습니다. 이 사고가 심각했던 이유가 무엇일까요? 또 원유 유출을 중지시키기 어려웠던 이유는 무엇일까요? 석유 유출 사고의 유형은 대표적으로 두 가지가 있습니다. 하나는 유정에서 원유가 새어 나오는 경우입니다. 또 하나는 **유조선**이 파손되어 내용물이 바다로 흘러나오는 경우지요. 딥워터호라이즌호 원유 유출 사고는 첫 번째 경우였습니다. 유정에서 원유가 유출되는 경우 유출구를 막지 않으면 몇 개월 동안 계속해서 원유가 흘러나올 수 있어 매우 위험합니다. 하지만 깊은 바닷속

전문가 의견

석유를 찾아 수심 1.5킬로미터에서 시추 작업을 하려면 그 작업 전체를 통제할 능력이 있어야 한다.

– 로버트 위글 환경 문제 전문 법률가

앨라배마 주 모빌 만에 오일붐이 설치되었다. 오일붐은 유출된 원유를 가두어 연안 지역으로 확산되는 것을 막아준다.

에 있는 유정은 원유가 흘러나오는 구멍을 막기 어렵지요. 딥워터호라이즌호 원유 유출 사고는 완벽한 인재(人災)였습니다. 딥워터호라이즌호의 관계자들은 안전한 작업 절차를 준수하지 않았고, 여러 위험 신호를 감지하지도, 이에 적절하게 대처하지도 못했습니다.

피해자와 방제 작업

딥워터호라이즌호 원유 유출 사고는 멕시코 만의 환경과 거주민들에게 큰 영향을 끼쳤습니다. 사고 지역 주민 대다수는 멕시코 만 연안에서 고기를 잡아 생계를 꾸렸습니다. 하지만 사고 때문에 물고기가 원유에 오염되자 이 지역에서 고기잡이가 금지되었습니다. 하루아침에 많

집중탐구 딥워터호라이즌호 사고 일지

2010년 4월 20일	시추선 딥워터호라이즌호가 폭발하며 화재 사고가 발생하여 4월 22일에 시추선이 침몰했다.
4월 30일	유출된 원유가 루이지애나 주 습지대로 흘러들기 시작했다.
5월 8일	BP가 금속 상자를 이용하여 유출을 막아 보려 시도했다. 관계 당국은 하루에 5,000**배럴**까지 유출될 수 있다고 판단했다.
5월 26일	BP가 엄청난 양의 시추 이수로 유정의 압력을 낮추어 원유 유출을 막으려 했지만 결국 실패했다.
6월 4일	BP가 유정 입구에 덮개를 씌웠다. 며칠 뒤 BP는 시추 이수로 하루에 1만 5,800배럴의 원유를 회수하고 있다고 발표했으나 원유 유출량은 하루 4만 배럴이었다.
6월 15일	미국의 오바마 대통령이 이 참사에 대해 BP에 책임을 물을 것이라고 말했다.
7월 15일	BP가 원유 유출을 막고자 유정 입구에 새 덮개를 씌웠다.
8월 3일	미국 정부가 딥워터호라이즌호 기름 유출 사고를 원유가 490만 배럴이나 유출된 사상 최악의 원유 유출 사고라고 발표했다. 방제 작업을 통해 약 80만 배럴의 원유가 회수되었다.
8월 5일	미 해안경비대가 파손된 유정이 환경에 해를 끼칠 위험성은 더는 없다고 선언했다.
9월 19일	시멘트로 유정을 완전히 밀봉하면서 마침내 유정이 실질적으로 폐쇄되었다.

은 사람들의 생계가 막막해졌습니다.

미국 플로리다에서 루이지애나에 이르는 광범위한 지역의 관광 산업 역시 사고로 큰 타격을 입었습니다. 또한 헬리콥터 조종사에서 시추 구조물에 음식물을 조달해 주는 사람까지 시추 작업에 관계된 많은 사람이 피해를 입었습니다.

사고가 어느 정도 수습되자 바다에 유출된 원유를 제거하는 방제 작업이 진행되었습니다. 방제 작업에는 정부와 전문가를 비롯해 연안 지역 주민들도 참여했습니다. 유출된 원유 중 일부는 포집하여 송유관으로 보냈습니다. 나머지는 **해수면**에서 태워 없애거나 유처리제 같은 약품으로 분해하여 처리했습니다. 2010년 8월 미국 국립 해양 대기 관리처(NOAA, National Oceanic and Atmospheric Administration)는 유출된 원유가 대부분 제거되었다고 발표했습니다.

하지만 과학자들은 미처 제거하지 못한 거대한 수중 파이프 안에 원유가 아직 남아 있지 않을까 걱정합니다. 만약 그렇다면 원유가 완전히 없어지는 데 아주 오랜 시간이 걸릴 거예요. 물론 바닷속에 사는 박테리아가 이 원유를 분해하겠지만 그래도 문제는 남습니다. 박테리아는 원유를 분해할 때 산소를 사용합니다. 그러면 수중에 산소가 부족해져서 물고기와 기타 해양 포유류의 생명이 위태로워지지요.

원유보다 위험한 유처리제

유처리제란 원유를 미생물이 분해할 수 있도록 아주 작은 입자로 쪼개는 화학 물질로, 유출된 원유를 방제하는 데 사용됩니다. 유처리제는 원유가 해안가에 당도하여 기름막을 형성하기 전에 미리 원유를 분해하는 데 도움이 되지요. 그러나 과학자들은 유처리제도 원유만큼 해양 생태계에 악영향을 미친다고 말합니다. 딥워터호라이즌호 사고 때도 유처리제가 사용되었는데, 유처리제 때문에 산호초와 생태계가 오염되었습니다.

바다 표면에 떠 있는 원유가 분해되어도 수중의 원유는 계속 남아서 연안 지역과 해양 생태계에 해를 끼칠 수 있습니다. 따라서 원유 유출이 장기적으로 어떤 영향을 미치는지 확실히 알려면 앞으로 몇 년은 더 두

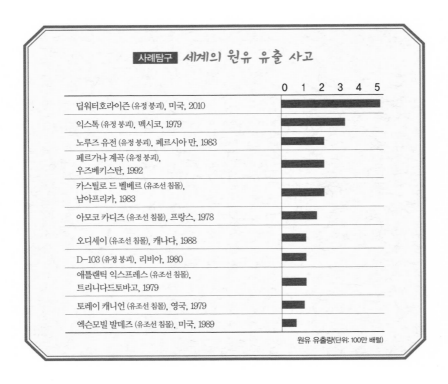

사례탐구 세계의 원유 유출 사고

	0	1	2	3	4	5
딥워터호라이즌 (유정 붕괴), 미국, 2010						
익스톡 (유정 붕괴), 멕시코, 1979						
노루즈 유전 (유정 붕괴), 페르시아 만, 1983						
페르가나 계곡 (유정 붕괴), 우즈베키스탄, 1992						
카스틸로 드 벨베르 (유조선 침몰), 남아프리카, 1983						
아모코 카디즈 (유조선 침몰), 프랑스, 1978						
오디세이 (유조선 침몰), 캐나다, 1988						
D-103 (유정 붕괴), 리비아, 1980						
애틀랜틱 익스프레스 (유조선 침몰), 트리니다드토바고, 1979						
토레이 캐니언 (유조선 침몰), 영국, 1979						
엑슨모빌 발데즈 (유조선 침몰), 미국, 1989						

원유 유출량(단위: 100만 배럴)

고 보아야 합니다.

그러나 원유 유출이 미치는 단기적 영향은 쉽게 알 수 있습니다. 딥워터호라이즌호 사고가 일어나고 며칠 뒤, 원유가 루이지애나 해안 **습지대**에 도달했습니다. 한 달쯤 지나자 습지대가 온통 원유로 범벅이 되었습니다. 수많은 조류와 바다거북이 기름에 뒤덮여 떼죽음을 당했고 환경에 큰 영향을 끼쳤지요.

멕시코 만의 어업도 큰 영향을 받았습니다. 고기잡이로 생계를 유지하는 사람들은 멕시코 만에서 잡히는 참치나 새우에 유출된 원유가 어떤 영향을 끼칠지 몰라 전전긍긍했지요.

유출된 원유는 어디로 갈까요?

원유가 바닷속에서 유출되면 이것이 해수면으로 떠올라 물 위에 기름막을 형성하게 됩니다. 이를 유막(油膜)이라고 하는데, 유막은 해류와 바람을 타고 널리 퍼져 나가지요.

유막에 닿은 물고기와 해초는 기름을 뒤집어쓰고 독성 물질에 노출되어 죽게 됩니다. 또한 유막은 바닷속에 햇빛과 산소가 투과되는 것을 막아 어패류가 숨을 쉴 수 없게 만듭니다. 한편 물 위를 떠다니는 조류의 깃털에 기름이 묻으면 깃털이 물을 흡수하여 무거워집니다. 깃털이 무거워진 조류는 날지 못하고 바다를 떠다니다 저체온증에 걸립니다. 유출된 원유는 먹이 사슬에도 영향을 미칩니다. 기름 범벅이 된 물고기를 먹은 해양 동물과 새의 몸속에도 기름이 남기 때문이지요.

원유가 유출되면 자연에 아주 오랫동안 남습니다. 따뜻한 바다에서는 차가운 바다보다 원유가 더 빨리 분해되어 사라집니다. 그런데 유전 탐사는 대부분 북극해같이 아주 찬 바다에서 진행됩니다. 1989년에 알래스카에서 일어난 엑슨모빌 발데즈 원유 유출 사고 때는 딥워터호라이즌호 사고 때보다 원유가 덜 유출되었습니다. 그런데 바닷물이 차가워 유출된 원유가 더 오랫동안 남아 있었고 피해를 입은 조류도 더 많았습니다. 또한 유출 사고가 해안 근처에서 일어났기 때문에 원유가 다 분해되기도 전에 해안가가 전부 오염되고 말았어요.

유전 탐사의 영향

사고가 일어나지 않더라도 유전 탐사 자체는 환경에 아주 큰 영향을 끼칩니다. 해저 지질 조사에 사용되는 음파가 고래의 의사소통을 교란시키는 등 해양 생물에 영향을 줄 수 있기 때문이지요. 또한 시추 작업과 송유관 시설도 해저 환경에 지대한 영향을 끼칠 수 있어요.

생각해 보기

생태계를 보호하기 위해 전 세계가 남극 대륙에서 석유 시추를 하지 않겠다는 조약을 맺었다. 하지만 남극 대륙에는 석유가 엄청나게 매장되어 있다. 지금까지는 남극의 생태계를 보전하자는 국제적 합의가 지켜져 왔지만 앞으로도 그럴 수 있을까? 교통수단이나 난방 연료로 쓸 석유를 열심히 찾는 것보다 환경을 보호하는 것이 더 중요할까? 환경을 보호하는 쪽을 선택한 결과 석유가 다 떨어지면 어떻게 해야 할까?

유조선이 암초에 걸리면 해안으로 원유가 유출될 수 있다. 1989년에 알래스카에서 엑슨모빌 발데즈가 좌초했을 때 60만 마리의 바닷새들이 떼죽음을 당했다. 딥워터호라이즌호 원유 유출 사고 때보다 훨씬 많은 수치다.

내륙의 유전 탐사도 마찬가지입니다. 유전을 탐사하느라 동식물의 서식지를 파괴하기 때문입니다. 따라서 석유 회사들은 유전 탐사와 시추 작업으로 인한 피해를 덮을 수 있을 정도로 석유 생산의 경제적 이익이 큰지 잘 생각해야 합니다.

우리는 석유 회사들이 바닷속으로 점점 더 깊이 들어가 석유를 찾고 있다는 것을 잘 알고 있습니다. 깊이 묻힌 유전일수록 접근하기 어렵고 위험한 것도 사실입니다. 그런데도 탐사를 계속하는 이유는 석유가 점점 고갈되고 있기 때문입니다. 석유 회사들은 북극 야생 생물 보호 구역 같은 곳에서 석유를 시추하고 싶어 합니다. 그러나 환경운동가들은 그렇게 하면 자연 환경이 심각하게 훼손된다고 말하지요.

석유 수송과 송유관 문제

유조선은 수백만 배럴이 넘는 석유를 운반하는 배인데, 유조선이 암초에 부딪히거나 침몰하여 석유 유출 사고가 발생하는 경우가 많습니다. 이러한 문제를 해결하기 위해 석유를 주로 사용하는 미국이나 유럽 국가 인근 바다에서 석유를 시추하자는 의견도 있어요. 가까운 바다에서 석유를 시추하면 유조선으로 석유를 수송하지 않고 송유관으로 공급하면 되거든요.

그러나 송유관을 이용한다고 문제가 완전히 해결되는 것은 아닙니다. 2006년 BP의 송유관이 부식되어 6,000배럴이 넘는 석유가 유출되었습니다. 유정과 유조선에서 일어난 수많은 석유 유출 사고와 비교하면 이때 유출된 석유의 양은 그렇게 많지 않습니다. 그러나 이 사고는 알래스카 생태계에 적지 않은 영향을 끼쳤습니다.

깊은 바닷속에 있는 송유관은 아주 높은 수압을 지탱할 수 있어야 합니다. 송유관의 재질과 연결 부분이 약하면 압력에 의해 관이 파열되어 원유가 유출될 수 있어요. 부식되지 않는 경우에도 지진 같은 자연재해로 관이 파괴되기도 합니다.

기후 변화

석유와 천연가스를 사용하면 이산화탄소를 포함한 '온실 가스'가 배출됩니다. 온실 가스는 지구 온난화의 주범입니다. 지구 온난화는 지구의 평균 기온을 높여 기후를 변화시켜요. 기후 변화는 우리 모두에게 큰 영향을 끼칩니다.

북극 야생 생물 보호 구역

북극 야생 생물 보호 구역(ANWR, Arctic National Wildlife Refuge)은 알래스카 북쪽 해안의 야생 지역으로 수많은 해양, 육지 동물과 조류의 서식지다. 미국의 지질 조사에 의하면 이 보호 구역 지하에 100억 배럴이 넘는 석유가 매장되어 있는 것으로 추정된다. 하지만 환경운동가들은 석유를 시추하면 이 지역에 서식하는 수많은 생물에 영향을 끼칠 것이라고 본다. 석유 시추 작업을 아무리 소규모로 하더라도 도로와 송유관을 설치하고 작업자들이 머물기 시작하면 생태계가 파괴되기 때문이다. 알래스카 석유 산업에 대한 2003년도 보고서에 의하면 석유 탐사 작업을 위해 알래스카 북부 야생 지역에 도로 959킬로미터가 건설되었다고 한다.

과학자들은 기온이 높아져 북극과 남극의 빙하가 녹기 시작하면 해수면이 상승할 것이라고 예측합니다. 그러면 낮은 지역이 물에 잠기고, 빙하가 녹아 생긴 차가운 바닷물이 흘러 따뜻한 곳에 사는 물고기들이 떼죽음을 당하겠지요. 또한 지구 온난화로 더운 지역은 더 더워지고 사막은 계속해서 넓어질 것입니다. 이렇게 되면 농작물을 재배할 **경지**가 점점 줄어들 거예요.

석유에 대한 **의존도**를 낮춰야 한다는 것은 우리도 잘 알고 있습니다. 그러나 전 세계에서 사용하는 석유의 양은 점점 늘어나고 있습니다. 1990년에는 석유를 하루에 6,600만 배럴 조금 넘게 사용했는데 2009년에는 그 양이 8,400만 배럴로 증가했어요. 그래서 석유 회사들은 비용이 많이 들어가더라도 새로운 석유 매장지를 더 많이 찾아내야 한다고 주장합니다. 생산량이 줄어들면 석유의 가격은 계속해서 오를 거예요.

환경과 자원, 무엇이 더 중요할까요?

석유 회사와 정부, 지역 주민까지 많은 사람들이 석유를 시추할 새로운 장소를 열심히 찾고 있습니다. 어떤 사람들은 어떻게든 석유를 찾아야 한다고 생각합니다. 반면 어떤 사람들은 환경을 보호하는 것이 더 중요하다고 생각하지요.

석유를 시추하는 것보다 환경을 보호하는 것이 더 중요하다고 생각하는 사람들은 유전 탐사로 **야생지**가 훼손되면 영원히 복구할 수 없다

석유 시추 기술보다는 풍력 발전 시설같이 석유와 기타 화석 연료를 대체할 수 있는 수단에 투자해야 한다고 주장하는 사람도 있다.

▌ 알래스카는 수많은 야생 생물의 서식지다. 석유가 환경보다 중요할까?

고 말합니다. 예를 들어 서식지가 파괴되어 그곳에 사는 동식물이 멸종
되면 다시는 그 동식물을 볼 수 없겠지요. 또한 그들은 우리가 석유를
사용하는 것 자체가 환경을 파괴하는 행위라고 주장합니다. 따라서 심
해나 야생지에서 석유를 찾아내는 데 많은 돈을 투자하기보다 석유를
대체할 에너지원을 찾는 데 투자해야 한다고 말하지요.

　반면 석유를 시추하는 것이 더 중요하다고 말하는 사람들은 석유를
우리 생활에서 뗄 수 없는 중요한 자원으로 생각합니다. 따라서 석유가
매장된 곳이라면 어디든 가서 석유를 시추해야 한다고 하지요. 또한 그
들은 정부가 석유 유출 사고로 환경을 파괴하는 사람에게 엄격한 징계
를 가하고, 석유 회사들이 필요한 만큼만 석유를 시추한다면 문제될 것

이 없다고 말합니다. 게다가 유전 탐사가 이루어지면 주변 지역의 경제를 활성화시키는 효과가 있다고 하지요.

우리가 필요로 하는 석유의 양은 점점 더 많아지고 있습니다. 석유가 없으면 우리가 현재 누리고 있는 편리함을 잃게 될 것이 분명합니다. 하지만 유전을 탐사하고 석유를 시추하는 일에는 많은 위험이 따릅니다. 과연 환경을 보호하는 것과 자원을 개발하는 것, 무엇이 더 중요할까요?

간추려 보기

- 2010년 멕시코 만에서 일어난 딥워터호라이즌호 사고는 역사상 가장 심각한 석유 유출 사고다.
- 해양석유시추 과정에서 사고가 일어나면 해양 생태계가 오염되고 인간도 경제적, 신체적 피해를 입는다. 석유를 시추하지 않더라도 유전을 탐사하는 과정에서 환경이 오염되기도 한다. 하지만 어떤 사람들은 석유가 우리 생활에 꼭 필요하기 때문에 유전 탐사를 계속해야 한다고 주장한다.

CHAPTER

4

해양석유시추가
왜 필요할까요?

현재 해양석유시추로 얻을 수 있는 석유의 양은 아주 적은 편입니다. 2008년 당시 심해에 매장된 석유의 양은 세계 석유 매장량의 약 2퍼센트밖에 되지 않았지요. 그렇지만 중동 지역의 석유 매장량이 전체 석유 매장량의 약 75퍼센트를 차지한다는 사실을 떠올려 보면 중동 지역을 제외한 나머지 국가의 석유 매장량 가운데 심해 석유가 차지하는 비중은 매우 큽니다.

깊은 바닷속에서 석유를 시추하려면 엄청나게 많은 비용이 듭니다. 위험성도 아주 높지요. 석유 탐사자들이 새로운 석유 매장지를 찾아 헤매는 한, 딥워터호라이즌호 참사 같은 사고는 계속 일어날 것입니다. 이렇게 위험한데도 해양석유시추를 계속하는 이유는 무엇일까요?

석유의 필요성

해양석유시추를 지지하는 사람들은 아무리 어렵고 위험하더라도 모든 방법을 총동원하여 석유를 찾아내야 한다고 주장합니다. 석유가 필요하기 때문이지요. 전 세계의 석유 사용량은 계속해서 증가하고 있습

전문가 의견

우리에게는 석유와 에너지가 필요하다. 그래서 앞으로는 바닷속 깊은 곳에서 석유를 끌어올릴 것이다.

– 스티브 웨스트웰 BP 사장

우리의 일상은 석유와 밀접한 관련이 있다. 농구 경기를 예로 들어보자. 일단 농구공과 운동복, 농구화도 석유를 원료로 한 제품이고 선수들이 경기장에 갈 때 타고 가는 자동차나 버스도 석유를 연료로 하여 움직인다.

니다. 그중 미국의 석유 사용량은 전 세계 사용량의 20퍼센트 이상을 차지하지요. 미국과 유럽 연합 다음으로 석유를 많이 사용하는 국가인 중국은 석유 사용량이 10년 전에 비해 2배 가까이 늘었습니다. 인도도 마찬가지입니다. **개발도상국**은 산업화 과정에서 석유 사용량이 급격하게 증가했습니다.

특별한 조치가 없는 한 석유 사용량이 줄어드는 일은 없을 것입니다. 하지만 늘어나는 사용량에 비해 생산량은 계속 줄고 있습니다. 석유는 재생 불가능한 자원이며 유전에서 석유가 영원히 나오는 것도 아니에요. 쿠웨이트와 사우디아라비아 같은 석유 생산국을 포함하여 전 세계 유전에서 생산되는 석유의 양이 점점 줄어들고 있습니다. 따라서 석유 회사들은 계속 새로운 매장지를 찾아야만 돈을 벌 수 있습니다.

지금 우리가 사용하는 유정은 노후해서 석유를 뽑아 올리는 데 많은 비용이 들어갑니다. 오래된 유정은 압력이 낮아 석유를 지표면으로 끌어올리기 어렵기 때문이지요. 석유 수요가 증가할수록 문제는 더욱 심각해집니다. 석유 생산량은 점점 줄어드는데 수요가 증가하면 당연히 석유 가격이 오를 것입니다. 석유 가격이 오르면 운송비 상승에 따라 물건의 가격이 오르고 물가가 올라 경제가 불안정해질 거예요.

현재 해양석유시추로 얻을 수 있는 석유의 양은 아주 적은 편입니다.

> 석유 사용량이 계속 증가하면 앞으로 석유를 더 많이 찾아내야만 한다. 그렇지 않으면 증가하는 석유 수요를 충족시킬 수 없을 것이다.

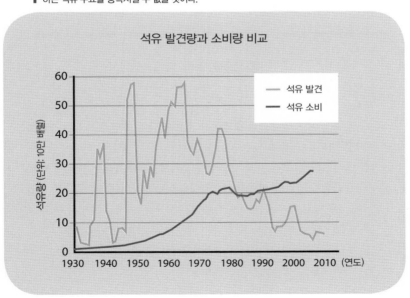

석유 발견량과 소비량 비교

석유량 (단위: 10만 배럴)

석유 발견
석유 소비

2008년 당시 심해에 매장된 석유의 양은 세계 석유 매장량의 약 2퍼센트밖에 되지 않았지요. 그렇지만 중동 지역의 석유 매장량이 전체 석유 매장량의 약 75퍼센트를 차지한다는 사실을 떠올려 보면 중동 지역을 제외한 나머지 국가의 석유 매장량 가운데 심해 석유 매장량이 차지하는 비중은 매우 큽니다.

또 다른 석유 공급원, 타르샌드

과거와 비교해 지금은 석유 공급원이 많이 줄었습니다. 석유를 공급하던 북해 지역이나 텍사스 지역의 유전들이 지금은 '**성숙 유전**'이 되었기 때문이지요. 성숙 유전이 된다는 것은 앞으로 이 유전에서 얻을 수 있는 석유가 점점 줄어들고 석유를 시추하기 힘들어진다는 것을 뜻합니

사례탐구 북해 석유

북해는 영국과 유럽 대륙 사이에 있는 바다다. 1960년대에 북해에서 석유가 발견된 뒤로 영국과 노르웨이를 포함한 다른 유럽 국가들이 사용하는 석유 대부분을 북해 유전에서 공급했다. 북해 유전은 석유 생산량이 점점 줄어드는 '성숙 유전'의 대표적인 사례로, 북해 유전은 1990년대 중반에 생산량이 정점을 찍었고 그 뒤로 계속 줄어들었다. 북해 유전 개발은 주로 해양석유시추를 토대로 이루어진다. 석유 회사들은 영국 인근 해상에서 새로운 유전이 발견되었다고 주장했지만 대개가 셰틀랜드 제도 인근의 심해 유전이라서 깊은 바닷속에서 석유를 끌어올려야 한다.

미국 텍사스 지역에서는 펌프 잭(석유를 퍼올리는 기계)을 흔히 볼 수 있다. 그러나 요즘은 석유가 점점 고갈되고 있다.

다. 물론 석유 회사들이 눈독을 들이는 석유 공급원이 심해에 있는 유전만은 아닙니다. 다른 석유 공급원은 없을까요?

'오일샌드'라고도 하는 타르샌드는 석유에 대한 우리의 갈증을 풀어 줄 새로운 석유 공급원입니다. 타르샌드란 지하에서 생성된 원유가 지표면으로 이동하면서 모래와 혼합되어 굳은 고형 석유를 뜻해요. 타르샌드는 캐나다 앨버타와 미국 북부 지역에서 많이 발견되지요.

원유를 정제하려면 고형 원유를 액체로 바꾸어야 합니다. 그런데 이렇게 하려면 많은 에너지가 필요합니다. 그래서 타르샌드에서 석유를 뽑아낼 때는 천연가스가 많이 들어갑니다. 게다가 물도 많이 필요하지요.

석유 1배럴을 만들려면 타르샌드 1.8톤이 필요합니다. 당연히 비용도 많이 들지요. 또 **역청**을 액체 원유로 바꾸는 과정에서 에너지가 많이 사용되어 환경이 파괴될 수 있습니다. 이렇게 보면 타르샌드는 다른 석유 공급원보다 온실 가스를 더 많이 배출하는 셈입니다.

이러한 문제들이 있는데도 타르샌드를 찾는 데 필사적으로 매달리는 이유는 따로 있습니다. 세계 최대 석유 소비국인 미국이 수입하는 석유 가운데 가장 큰 비중을 차지하는 것이 바로 캐나다의 타르샌드거든요. 하지만 타르샌드에서 석유를 뽑아내는 작업 때문에 캐나다의 이산화탄소 배출량이 점점 늘어나고 있습니다.

해양석유시추와 마찬가지로 다른 석유 공급원을 이용할 때도 위험 요소는 존재합니다. 환경 파괴 문제도 여전하지요. 아직은 중동 지역에 석유가 많이 매장되어 있지만 중동 지역의 석유를 다 사용하고 나면 우리는 어떻게 해야 할까요?

간추려 보기

- 해양석유시추를 하려면 많은 비용이 들고 사고가 날 위험성도 많다. 하지만 석유 수요가 계속 증가하고 있기 때문에 바닷속의 유전을 탐사하는 시도가 계속되고 있다.
- 타르샌드는 해양석유시추의 대안으로 제시되는 자원이지만 타르샌드에서 석유를 추출하는 데 많은 에너지가 필요하고, 그 과정에서 환경오염을 일으켜 문제가 되고 있다.

5
CHAPTER

정치와 석유

석유를 둘러싸고 여러 가지 정치적 입장이 엇갈리고 있습니다. 석유처럼 인류에게 중요한 자원을 확보하면 국제 사회에서 엄청난 권력을 차지할 수 있습니다. 하지만 마구잡이로 유전을 탐사하고 석유를 개발하면 환경오염이 심화될 거예요. 장기적인 관점에서 보았을 때 석유를 확보하는 것이 이익이 될까요?

미국, 유럽 연합, 중국, 일본 등 석유를 많이 사용하는 국가 대부분은 석유 매장량이 그리 많지 않습니다. 따라서 석유를 대부분 외국에서 수입해야 합니다. 시간이 갈수록 이들 국가의 석유 수요는 계속 증가했습니다. 하지만 자국 내 유전에서 생산되는 석유의 양은 점점 줄어들고 있지요.

석유의 가격

세계 최대 석유 수출국 대부분은 석유 수출 기구(OPEC, Organization of Petroleum Exporting Countries) 회원국입니다. 현재 OPEC 회원국은 모두 12개국이지요. OPEC 회원국의 석유 매장량은 세계 석유 매장량의 약 75퍼센트를 차지합니다. 이 기구의 목적은 회원국의 석유 생산량을 조절하여 석유 가격을 일정하게 유지하는 것입니다.

OPEC 회원국 중에서도 석유를 많이 생산하는 국가들은 대부분 국영 석유 회사를 통해 석유 생산을 통제합니다. 엑슨모빌, 쉘, BP 같은 다국적 **민간** 석유 회사들에는 통제권이 없지요. 이러한 중동 국가들은 자국의 석유 생산량을 조절하여 국제 석유 가격에 영향을 줄 수 있습니다.

또한 이들의 결정은 다른 국가의 경제 상황에 영향을 끼칩니다. 석유 가격이 오르면 화물차나 승용차를 운전하는 사람들이 전보다 연료비를 더 많이 지출해야 합니다. 이에 따라 생산한 제품을 상점이나 소비자에게 운송하는 데 들어가는 비용이 올라가고 자연히 제품과 서비스의 가격도 올라가 경제 상황이 변화하지요.

석유 가격은 수요가 어느 정도인지에 따라 오르내립니다. 기업이나 운전자와 같은 석유 사용자는 석유 가격이 내리기를 바라지만 석유를 공급하는 쪽은 석유 가격이 오르기를 바랍니다. 물론 가격이 오르더라도 한계는 있습니다. 즉, 가격이 너무 비싸서 소비자들이 석유를 버리고 다른 대체 에너지원을 찾을 정도로 많이 올라서는 안 됩니다.

석유 생산량은 이미 줄어들기 시작했습니다. 또한 해양석유시추 같은 새로운 시추 기술을 개발하려면 전보다 더 많은 비용이 들어가지요. 그런데 선진국뿐만 아니라 중국처럼 빠르게 산업화하는 개발도상국이 늘어나면서 석유 수요는 계속 증가하고 있어요. 석유 공급이 줄어들고 유전 개발 비용과 석유 수요가 계속 늘어난다면 석유 가격은 오를 수밖에 없어요.

정치적 관계와 석유 공급

이란은 세계에서 두 번째로 석유 매장량이 많은 국가입니다. 그런데 이란 정부는 서방 국가에 **우호적**이지 않아요. 미국과 영국을 포함한 서방국 정부가 중동 지역에서 일어나는 각종 분쟁과 테러 행위를 이유로 이란 정부를 비난하고 있기 때문이지요. 이라크도 마찬가지입니다. 이라

1973년 OPEC 회원국이 석유 가격을 인상했다. OPEC은 아랍 국가인 이집트와 시리아를 상대로 한 제4차 중동 전쟁에서 이스라엘 편을 들었던 국가들에 대해 석유 공급량을 줄여 버렸다. 수입 석유에 의존하는 국가로서는 석유 가격 상승과 공급량 부족만큼 위기 상황도 없을 것이다.

크는 세계 최대 규모의 유전을 보유하고 있는데, 이라크에서는 2003년 이라크 전쟁을 포함하여 수많은 전쟁이 일어났습니다.

중동 지역은 정세가 늘 불안하고 이 지역의 정부는 서방 국가에 우호적이지 않습니다. 따라서 언제든 석유 공급 체계가 흐트러질 수 있습니다. 자신과 사이가 좋지 않은 국가에게는 비싼 값에 석유를 공급하거나 아예 공급하지 않을 수도 있거든요. 석유 공급 체계가 엉망이 되면 이 지역에서 석유를 많이 수입하는 국가들은 아주 난감한 상황에 부닥치게 됩니다. 그래서 주요 수입국은 중동의 석유 수출국의 심기를 건드려 석유를 공급받지 못할까봐 노심초사합니다. 실제로 중동의 석유 수출국이 석유를 빌미로 서방 국가와의 외교전에서 우위를 차지하는 경우가 종종 있지요.

러시아도 주요 석유 생산국으로 여러 국가에 석유를 수출합니다. 또 러시아는 세계 최대 천연가스 공급국이기도 합니다. 실제로 러시아는 정치적 분쟁 때문에 우크라이나 같은 이웃 국가에 천연가스 공급을 중단한 적이 있습니다.

사례탐구 석유 파동

1973년 중동 지역에서 전쟁이 일어났다. 이스라엘과 주변 아랍 국가가 팔레스타인을 사이에 두고 벌인 전쟁이었다. 이스라엘과 대립하던 중동의 주요 석유 수출국은 이스라엘이 철수할 때까지 석유 공급량을 줄이겠다고 발표했다. 이에 따라 석유 가격이 폭등했고 제1차 석유 파동으로 이어졌다. 석유 가격이 오르자 석유 의존도가 심했던 주요 선진국의 경제가 휘청였다. 선진국에 제품을 수출하여 경제를 유지하던 개발도상국도 마찬가지였다.

제1차 석유 파동은 1978년 진정되었다. 하지만 얼마 지나지 않아 이란에서 이슬람 혁명이 일어나면서 석유 공급 체계가 다시 흔들렸다. 게다가 제1차 석유 파동의 여파가 지속되면서 1979년 제2차 석유 파동이 일어났다. 전 세계의 경제 성장률이 하락했고 물가가 급상승했다. 석유 파동은 외교 문제가 석유 공급 체계에 영향을 끼친 대표적 사례다.

석유 쟁탈전

선진국의 석유 수요에 중국, 인도, 브라질같이 빠르게 발전하는 국가의 수요까지 가세하면서 석유를 차지하기 위한 경쟁이 과열되고 있습니다. 각국의 석유 쟁탈전이 치열해질수록 국제 사회에서 석유를 많이 보유한 국가의 입김이 더욱 강해지겠지요.

수많은 국가가 정치적인 문제로 인해 석유 공급 체계가 흐트러질까 걱정합니다. 현재 중동의 석유 공급 체계가 무너지면 각국은 국내 석유 생산량을 통제하고 새로운 유전 개발에 힘을 쏟을 거예요. 이미 중동 지역 석유 회사들의 석유 통제권 경쟁에서 밀려난 일부 석유 회사들은 새로운 석유 공급처를 열심히 찾고 있습니다. 석유 수입 가격이 너무 높거나 국가 간 분쟁이 생겨 석유 공급에 차질이 생기면 자국 내 유전을 개발하지 않은 데서 오는 위험이 더욱 커집니다. 여러 위험을 감수하면서 해양석유시추를 계속하는 이유가 바로 이것이지요.

2003년에 미국과 연합국이 이라크를 침공하자 이라크 정부는 자국 내 유정에 불을 질렀다. 이러한 문제들이 미래 석유 공급 체계를 교란시킬 수 있다.

  인구가 증가하고 산업이 발달하면서 세계적으로 자원 소비량이 폭발적으로 증가하고 있다. 그런데 석유나 천연가스, 우라늄 등 에너지를 공급하는 자원은 일부 국가에 편재되어 있다. 이러한 자원을 확보한 국가들은 자원 공급 문제를 외교 전략에 사용하는데 이를 '자원 외교'라고 한다. 예를 들어 '희토류'라는 물질은 자동차, 전자 제품, 휴대 전화 등을 제조하는 데 사용되며 중국에 가장 많이 매장되어 있다. 중국은 일본과 외교 마찰이 일어났을 때 일본에 희토류를 수출하지 않겠다며 압박을 가했다. 일본의 경제 구조는 대부분 희토류를 이용하는 산업으로 구성되어 있어 일본 정부는 중국의 요구에 따를 수밖에 없었다.

엇갈리는 정치적 입장

  석유를 수입하는 회사와 국가는 해양석유시추 같은 새로운 석유 공급 방법을 찾아야 한다고 생각합니다. 주요 석유 공급원이 정치적으로 불안정한 국가에 존재하기 때문입니다. 정세가 불안정하면 언제라도 석유 공급 체계가 흐트러지고 경제에 타격을 입을 수 있습니다. 그런데 자체적으로 유전을 개발하면 이러한 위험성이 줄어들겠지요. 게다가 중동에 매장된 석유가 고갈되면 새롭게 개발한 석유 공급원으로 국제 사회에서 우위를 차지할 수도 있고요.

  이들은 중국, 인도 같은 국가 때문에 석유 확보 경쟁이 치열해지면 앞으로 석유 가격이 더 높아질 수 있다고 주장합니다. 행여나 현재 석유 공급 체계가 흐트러지지 않는다 해도 앞으로 석유가 고갈되면 새로운 석유 공급원을 찾아야만 한다고 말하지요. 하지만 새로운 석유 공급원을 찾고 기술을 개발하는 데는 아주 오랜 시간이 걸리기 때문에 석유 회사와 석유 수입국은 지금부터라도 유전을 탐사해야 한다고 주장합니다.

반면 석유를 계속 수입해야 한다고 주장하는 사람들도 있습니다. 이들은 중동에서 석유를 수입하는 것보다 심해 유전을 탐사하고 새로운 석유 공급원을 개발하는 쪽이 비용이 더 많이 든다고 말하지요. 게다가 새로운 공급원을 통해 석유를 확보하더라도 생산량은 전체 석유 수요를 충족시키는 데 턱없이 부족한 수준입니다. 또한 새로운 석유 공급원을 찾으려면 딥워터호라이즌호 사고같이 지역 환경이 파괴될 수 있는 위험을 감수해야 하지요. 따라서 이들은 또 다른 석유 공급원을 찾기보다 석유를 대체할 에너지원을 찾아야 한다고 말합니다.

석유를 둘러싸고 여러 가지 정치적 입장이 엇갈리고 있습니다. 석유처럼 인류에게 꼭 필요한 자원을 확보하면 국제 사회에서 엄청난 권력을 차지할 수 있습니다. 하지만 마구잡이로 유전을 탐사하고 석유를 시추하면 환경오염이 심화될 거예요. 장기적인 관점에서 봤을 때 새로운 석유 공급원을 확보하는 것이 이익이 될까요?

- 석유는 정치와 깊이 연관되어 있다. 석유가 매장된 국가가 한정되어 있기 때문이다.
- 석유가 많이 매장된 중동의 정세가 불안정해서 석유 공급 체계가 흔들릴 가능성이 있다. 또한 중국이나 인도 같은 개발도상국이 산업화하면서 석유 수요가 증가하자 석유 쟁탈전이 치열하게 벌어지고 있다. 이에 따라 해양석유시추를 통해 석유를 직접 생산하려는 시도가 늘고 있다.

6

석유와 자본

'빅 오일'이란 다국적 거대 석유 회사를 말합니다. 이 회사들은 세계 각지를 기반으로 사업을 벌이지요. 환경운동가들은 빅 오일을 통제하는 것이 불가능하다고 말합니다. 거대 석유 회사가 정부에 막강한 영향력을 행사할 수 있기 때문이에요.

'**빅 오일**'이란 다국적 거대 석유 회사를 말합니다. 이 회사들은 세계 각지를 기반으로 사업을 벌이지요. 환경운동가들은 빅 오일을 통제하는 것이 불가능하다고 말합니다. 거대 석유 회사가 정부에 막강한 영향력을 행사할 수 있기 때문이에요. 실제로 빅 오일이 서아프리카처럼 가난한 지역에서 석유를 빌미로 해당 국민의 **인권**을 침해하는 사례가 발생하고 있습니다.

빅 오일

거대 석유 회사를 비판하는 사람들은 이 회사들이 환경오염이나 안전 문제에 크게 신경 쓰지 않는다고 주장합니다. 미국 야생 생물 협회 보고서에 의하면 2001년부터 2007년 사이에 미국 인근 해상에서 총 1,440건의 원유 유출 사고와 기타 안전 사고가 발생했다고 합니다. 이러한 사고로 41명이 목숨을 잃고 300명 이상이 부상을 당했습니다. 내륙의 송유관과 정유소에서 발생한 사고로도 161명이 목숨을 잃었습니다. 내륙에서 발생한 사고로 목숨을 잃은 사람 가운데는 석유 산업과 아무런 상관이 없던 사람도 많습니다. 일례로 2000년에 뉴멕시코에서 송유관이 폭발했을 때 그곳을 지나가던 사람 12명이 사망했습니다.

석유 관련 사고는 환경에도 큰 피해를 줍니다. 딥워터호라이즌호 참사가 신문 1면을 장식한 바로 그때 중국도 사상 최악의 석유 유출 사고를 수습하느라 바빴습니다. 정유소가 폭발하면서 해안으로 석유가 유출된 것입니다.

2010년 미국에서는 딥워터호라이즌호 사고 말고도 또 석유 유출 사고가 있었습니다. 송유관이 파괴되면서 미시간 주에 있는 칼라마주 강에 원유가 2만 배럴 이상 유출된 것입니다. 이러한 사고를 보면 석유를 탐사하고 수송하는 일은 언제나 위험하다는 사실을 알 수 있습니다.

환경운동가들은 석유 회사가 시추 과정에서 과도하게 비용을 절감하려고 편법을 사용하고 유지 관리에 소홀한 탓에 끔찍한 사고가 발생했다고 말합니다. 해양석유시추 장비는 특히 유지와 보수가 중요합니다. 극한의 수온과 높은 수압으로 말미암아 장비에 엄청난 무리가 가해지기 때문입니다. 환경운동가들은 석유 회사들이 확실한 안전 기준을 설정하고 이 기준을 잘 준수하도록 정부가 엄격하게 감시해야 한다고 주장하지요.

환경운동가들의 비판에 대해 빅 오일 측은 자신들이 고객과 정부에 대해 책임을 다하고 있다고 반박합니다. 빅 오일은 수천 명의 직원을 고용하고 있고 기업과 개인에게 필요한 자원을 매일 공급합니다. 빅 오일은 만약 자신들이 없다면 직원들은 일자리를 잃게 되고, 국가와 기업은 석유를 공급 받을 수 없게 될 거라고 이야기하지요.

빅 오일은 엄청난 수익을 올립니다. 이렇게 벌어들인 돈은 심해 유전 탐사 같은 위험한 사업을 진행하는 데 사용하지요. 만약 유전을 찾는 데 실패하면 많은 돈을 한꺼번에 잃게 됩니다. 그래서 빅 오일은 규모가 큰 회사들이 석유 공급을 독점한다는 비판에 작은 회사는 유전 탐사와 석유 시추에 필요한 비용을 감당할 수 없다고 반박하지요.

집중탐구 **빅 오일의 한계**

다국적 석유 회사도 완전히 자유롭지는 않다. 이들은 탐사할 유전이 속한 각국의 법을 준수해야 하고 자기 회사 주식을 소유한 주주들에게 사업 보고도 해야 하기 때문이다. 국영 기업은 이러한 책임감이 훨씬 덜할 수 있다. 일례로 리비아와 사우디아라비아 같은 국가는 정부와 석유 업계를 비판하지 못하도록 언론의 자유를 제한했다.

석유 회사에 대한 규제

딥워터호라이즌호 참사를 통해 세계 각국 정부는 해양석유시추가 매우 위험한 작업이라는 사실을 절실하게 깨달았습니다. 사고 이후 미국 정부는 해양석유시추 면허 신청을 중지시켰습니다. 또한 이 사고를 철저히 조사하여 같은 실수를 반복하지 않기 위해 사고 조사 위원회가 구성되었습니다.

석유 유출 사고가 발생하면 정부는 석유 회사에게 거액의 벌금을 물릴 수 있습니다. 또한 회사가 법률을 위반한 사실이 없는지를 수사할 수도 있습니다. 그런데 해양석유시추를 할 때는 대개 여러 회사가 참여하기 때문에 사고 책임이 어디에 있는지를 명확히 가려내기 어렵습니다. 딥워터호라이즌호 사고만 해도 유정은 BP가 보유했으나 시추선은 다른 회사 소유였지요. 게다가 유정을 콘크리트로 봉하는 것과 같은 주요 작업은 또 다른 회사가 담당했습니다. 그래서 시추선을 작동시키고 이 작업을 통해 벌어들인 수익의 대부분을 가져가는 회사가 책임을 졌습니다.

딥워터호라이즌호 사고는 안전 수칙 문제를 되돌아보는 계기도 되었습니다. 미국 정부는 안전 검사가 제대로 이루어지지 않을 때를 대비하여 석유 회사를 규제할 기구를 신설했습니다. 이러한 조치를 통해 석유업계가 더 철저하게 대비하기를 바랐던 것이지요.

사례탐구 태안 앞바다 기름 유출 사고

2007년 12월 한국 충청남도 태안의 앞바다에서 홍콩 유조선 허베이스피리트와 삼성 중공업의 해상 크레인이 충돌하여 약 7만 배럴의 기름이 유출되었다. 이에 따라 태안에 거주하던 어부와 양식업자들이 피해를 입었다. 또한 해수욕장에서 식당이나 호텔을 운영하던 주민들도 생계가 어렵게 되었다. 6년간의 재판 끝에 2013년 삼성 중공업은 주민에게 3,600억 원을 보상하기로 합의했다. 이 사건을 계기로 한국 정부는 선체가 한 겹으로 이루어져 유출 사고가 나기 쉬운 단일 선체 유조선의 입항을 전면 금지했다.

사고 재발 방지

석유 유출 사고가 자주 일어나자 여러 국가가 석유 회사를 규제하는 법을 만들었습니다. 하지만 많은 사람들이 석유 회사의 힘이 너무 강해서 이들을 효과적으로 규제하기 어렵다고 말합니다. 석유 공급으로 막대한 수익을 거둔 빅 오일이 자본을 이용하여 정치계에 압력을 불어넣기 때문이지요. 게다가 영국과 미국 같은 주요 석유 수입국은 해양석유시추로 자국의 석유 수요 상황을 통제하고 싶어 하는데, 해양석유시추를 진행하는 거대 석유 회사에게 정부가 너무 많은 규제를 가하면 석유 회사들은 정부의 영향권에서 자유로운 다른 국가에서 석유를 시추하려 할 것입니다. 석유 회사들이 다른 국가에서 석유 시추를 하면 이익을 거

원유가 해상에 유출되면 어업이 큰 타격을 입는다. 정부는 석유 회사들이 일으킨 문제에서 개인과 기업을 보호해야 한다.

둘 수 없기 때문에 울며 겨자 먹기로 횡포를 눈감아 줄 수밖에 없지요.

　하지만 끔찍한 사고가 발생하면 석유 회사에게도 엄청난 손해입니다. 따라서 딥워터호라이즌호 사고 같은 일이 다시는 발생하지 않도록 석유 회사가 자체적으로 규칙을 마련해야 합니다. 몇몇 석유 회사들은 벌써 멕시코 만 석유 유출 사고의 대응 체계를 마련하는 데 협력하기로 합의했습니다. 멕시코 만 연안 지역 거주민들은 이러한 조치가 미래의 참사를 막을 수 있기를 바라고 있습니다.

전문가 의견

　이번 석유 유출 사고와 같은 비극이 다시는 발생하지 않도록 철저한 보호 장치와 안전 수칙을 마련해야 한다. 부당한 비난이나 무책임한 행동을 더는 두고 보지 않을 것이다.

－ 버락 오바마 미국 대통령, 딥워터호라이즌호 사고 이후의 연설문 중에서

간추려 보기

- 빅 오일이라고 불리는 거대 석유 회사들이 전 세계에 석유를 공급하고 있다.
- 빅 오일은 시추 과정에서 딥워터호라이즌호같이 대형 사고를 일으키기도 한다. 이를 방지하기 위해 기업과 정부 모두 여러 가지 노력을 하고 있다. 하지만 일부 사람들은 빅 오일의 규모가 워낙 거대하기 때문에 석유 회사를 관리하기 힘들다고 이야기한다.

해양석유시추의 미래

석유 수입에 의존하지 않으려는 국가들이 해양석유시추에 눈을 돌리는 데는 그만한 이유가 있습니다. 그러나 해저 유전을 탐사하는 것과 관련하여 많은 문제가 있는 것도 사실입니다. 그렇다면 해양석유시추를 하지 않으면서 석유 의존도를 줄이는 방법은 없는 걸까요?

석유 수입에 의존하지 않으려는 국가들이 해양석유시추에 눈을 돌리는 데는 그만한 이유가 있습니다. 그러나 해저 유전을 탐사하는 것과 관련하여 많은 문제가 있는 것도 사실입니다. 그렇다면 해양석유시추를 하지 않으면서 석유 의존도를 줄이는 방법은 없는 걸까요?

석유 절약

석유 의존도를 낮추는 가장 쉬운 방법은 석유를 절약하는 것입니다. 자동차, 플라스틱 등 석유를 사용하는 물품의 사용을 자제하면 석유의 사용량을 줄일 수 있습니다. 우리가 사용하는 석유의 절반가량이 자동차 연료로 쓰는 **휘발유**입니다. 사실 버스 연료로 사용하는 **디젤**, 선박에 사용하는 **중유, 제트 연료** 등을 모두 포함하면 생산된 석유의 대부분이 운송용 연료로 사용됩니다.

운송용으로 사용되는 석유를 줄이는 방법은 여러 가지가 있습니다. 한 가지 방법은 연료를 절약하는 **하이브리드** 차량을 이용하는 거예요. 하이브리드 차량은 휘발유 4.5리터로 97킬로미터를 달릴 수 있습니다.

대중교통을 이용하는 방법도 있습니다. 물론 대중교통도 석유로 달리지만 승용차보다는 승객 한 사람당 사용하는 석유의 양이 더 적어요. 승용차는 운전자 한 사람만 타고 이동할 때가 많기 때문이지요.

석유는 제품을 운송하는 선박과 항공기에도 사용됩니다. 그런데 우리 생활에 필요한 제품 대부분은 선박과 비행기로 수입된 것입니다. 따라서 우리가 사는 지역과 가까운 곳에서 만들거나 재배한 상품을 사면 석유 사용량을 줄일 수 있어요. 이것은 지역 경제를 활성화하는 데도 도움이 됩니다. 이외에도 플라스틱 제품을 재사용하거나 재활용하는 등 석유를 절약할 방법은 많습니다.

플라스틱과 같은 석유 화학 제품을 재활용하면 석유를 덜 사용하게 될 것이다. 또 플라스틱을 덜 사용하면 재활용을 할 일도 줄어들 것이다.

국제적 합의

우리가 석유 사용량을 줄이려고 아무리 노력해도 세계적 차원에서 국가와 기업, 개인이 동참하지 않으면 별 효과가 없을 거예요. 예를 들어 1997년에는 이산화탄소 배출량을 줄이겠다는 목적으로 교토 의정서라는 국제 조약이 체결되었습니다. 교토 의정서를 통해 각국은 이산화탄소 배출 감축 목표를 정했어요. 이에 따라 각국은 석유 사용량을 줄여야 했지요. 석유 같은 화석 연료의 사용이 이산화탄소 배출의 주요 원인이거든요. 그러나 이 합의는 완벽한 것이 아니었습니다. 중국과 인도처럼 고속 성장을 한 개발도상국이 참여하지 않았다는 이유를 들어 세계 최대 이산화탄소 배출국인 미국이 이 조약을 거부했기 때문이에요.

석유 사용을 줄이는 문제와 관련한 또 한 가지 쟁점은 이것이 과연 개발도상국에게 공정한 일인가 하는 점입니다. 전체 아프리카 국가들이 사용하는 석유의 양은 영국과 프랑스의 석유 사용량을 합한 것보다 적습니다. 미국의 석유 사용량에는 6분의 1밖에 되지 않지요. 하지만 기후 변화의 원인은 선진국이 오래전에 산업화를 하면서 배출한 온실 가스입니다. 게다가 지금도 선진국은 개발도상국에 비해 훨씬 많은 온실 가스를 배출하지요. 개발도상국은 이산화탄소 배출 감축 조약에 대해 선진국이 했던 것과 똑같은 방식으로 자국의 경제를 발전시키고 자국민의 생활 수준을 향상시킬 기회를 왜 박탈당해야 하느냐고 항변합니다. 개발도상국에게 석유 사용을 줄이라고 요구하는 것이 과연 공정할까요? 우리는 앞으로도 얼마간 석유와 기타 화석 연료를 계속 사용할 수밖에 없을 거예요. 그렇다면 누가 석유를 얼마나 사용할지 어떻게 결정해야 할까요?

다른 화석 연료

화석 연료란 지하에 매장된 자원을 이용해 에너지를 만드는 연료로 석탄이나 석유, 천연가스 등이 있습니다. 이러한 다양한 화석 연료는 석유 고갈 시대의 대안으로 일컬어집니다. 하지만 석유와 마찬가지로 천연가스와 석탄 역시 재생 불가능한 에너지원입니다.

천연가스는 석유와 똑같은 에너지를 발생시키면서도 이산화탄소를 석유보다 3분의 1이나 적게 배출합니다. 하지만 대부분이 러시아에 편중되어 있습니다. 러시아의 국영 가스 회사 가스프롬은 세계 천연가스 매장량의 5분의 1을 보유하고 있습니다. 그리고 유럽 연합에 천연가스를 공급하는 일도 가스프롬이 대부분 담당하지요.

석유와 마찬가지로 미국과 영국 같은 국가의 천연가스는 심해에 매장되어 있습니다. 따라서 추출하는 데 비용이 많이 들어가지요. 그러나 석유를 시추하는 것보다는 천연가스를 추출하는 것이 환경을 오염시킬 위험이 적습니다. 누출 사고가 나더라도 천연가스는 대기 중에서 쉽게 증발되어 버리기 때문입니다. 하지만 천연가스의 가장 큰 문제는 폭발할 수 있다는 점입니다. 게다가 딥워터호라이즌호 사고에서 본 것처럼 해저에서 석유를 시추할 때 가스가 누출되면 큰 해를 끼칠 수 있습니다.

다른 화석 연료와 비교하면 석탄은 아직 풍부한 편입니다. 그러나 다른 화석 연료보다 효율성이 떨어지지요. 석탄은 석유보다 오염 물질을 많이 배출합니다. 화석 연료가 배출하는 탄소량을 줄이는 방법은 여러 가지가 있어요. 탄소를 포집하거나 연소 전에 연료를 미리 처리하는 방법도 있답니다.

원자력

원자력은 우라늄 같은 방사성 물질의 핵분열을 통해 에너지를 발생시킵니다. 원자력 이용에 반대하는 사람들은 원자력이 매우 위험하다고 주장합니다. 원자력 발전소에서 사고가 자주 발생했고 이때 해로운 방사성 물질이 방출되었기 때문입니다. 그런데도 수많은 국가가 새로운 에너지원으로 원자력에 주목하고 있습니다.

원자력은 발전소에서 화석 연료를 대체하기에 충분할 만큼 많은 양의 전기를 만들어낼 수 있습니다. 그러나 아직 사용하고 남은 핵연료를 처리할 기술이 발명되지 않았지요. 이 핵연료는 몸에 해로운 방사능을 내뿜어요. 게다가 방사능이 유출되었을 때 이것이 환경에 어떤 영향을 주는지 눈으로 쉽게 확인할 수 없습니다.

전체 석유 생산량의 약 5분의 1이 항공기 연료로 사용된다. 언젠가는 생물 연료가 항공 연료로 사용될 수 있을 것이다. 사진 속의 항공기는 생물 연료로 움직인다.

생물 연료

생물 연료란 연료를 공급하는 데 사용되는 식물 에너지원입니다. 특히 식물을 가공 처리하여 만들어낸 에탄올과 바이오디젤을 뜻하지요. 생물 연료는 석유를 대체하여 자동차 연료로 사용할 수 있습니다. 생물 연료를 휘발유와 혼합하면 온실 가스를 적게 배출하는 연료를 만들어낼 수 있어요. 게다가 생물 연료를 만드는 데 사용되는 식물은 자라면서 이산화탄소를 흡수하지요.

생물 연료의 단점은 원료가 되는 식물을 재배하는 데 많은 공간이 필요하다는 점입니다. 식물 재배를 위한 농지를 확보하려면 야생 동물의 서식지를 파괴해야 할지도 몰라요.

태양 에너지로 달리는 자동차는 생각만 해도 흥분이 된다. 그러나 지금으로서는 태양 에너지 자동차가 석유 자동차를 대체할 것이라 기대하기는 어렵다.

이러한 터빈은 조력 에너지를 획득하도록 설계되었다. 재생 에너지가 석유를 대체할 수 있을까?

재생 가능 에너지

자연계에는 전기를 만드는 데 사용할 수 있는 에너지원이 많이 있습니다. 예를 들어 수력 발전은 아래로 떨어지는 물의 힘이나 **조석력**에서 발생하는 에너지를 이용하는 발전 방법이지요. 한편 지열 발전이란 지표면 아래의 열을 이용하여 발전을 하는 것을 말합니다.

다른 에너지원으로 풍력과 태양 에너지가 있습니다. 이들은 재생 가능한 에너지원입니다. 그러나 이러한 에너지원을 이용하여 석유를 대체할 수 있을 만큼의 에너지를 만들어 내려면 풍력 **터빈**이나 **태양 전지판**을 설치할 아주 넓은 공간이 필요합니다. 게다가 석유와 비교하면 이러한 에너지원은 현재 우리가 사용하는 에너지의 극히 일부를 제공할

에너지원 비교표				
연료	접근이 용이한가?	장점	환경에 미치는 영향	기타 주요 단점
석유 (해양)	아니다. 대부분 심해에 모여 있음. 제한된 공급.	다목적 연료. 내륙 유전이 없는 국가의 인근 해역에 매장.	기후 변화의 주요 요인이 됨. 생물 분해성이 없음.	유정이나 해저 송유관이 파손될 때 심각한 피해가 발생
석유 (내륙)	접근이 점점 어려워지고 있음. 주요 매장지는 중동 지역이지만 일부는 고갈되고 있음.	값이 싸고 접근이 쉬움.	기후 변화의 주요 요인이 됨.	주요 석유 수입국은 석유 매장량이 많지 않음.
석유 (타르샌드)	아니다. 사용 가능한 상태의 석유를 추출하는 데 많은 에너지를 투입해야 함.	캐나다 같은 정치적으로 안정된 지역에 많이 매장됨	온실 가스를 많이 배출함. 채취 작업의 강도가 셈	선박이나 송유관을 통해 수송할 때 사고 발생 위험이 있음.
천연 가스	그렇다. 아직 많이 매장되어 있음.	석유보다 청정. 추출할 때 오염 물질이 덜 발생함. 차량용 연료로 사용할 수 있음	석유나 석탄보다는 적지만 온실 가스를 많이 배출함	선박이나 송유관을 통해 수송할 때 사고 발생 위험이 있음.
석탄	그렇다. 아직 많이 매장되어 있음.	채굴하기 쉽고 값이 쌈. 연소할 때 탄소 배출량을 줄이기 위한 처리 가능.	온실 가스를 많이 배출함.	수송이 어려움. 정치적으로 불안한 일부 지역에 집중적으로 매장되어 있음.
원자력	연료 접근성은 좋으나 원자력에서 에너지를 얻으려면 원자로를 설치해야 함. 비용이 많이 듦.	탄소를 배출하지 않음. 연료는 풍부함.	사용된 연료의 처리 문제. 폐기물의 유해성이 수백 년 동안 존속됨.	석유나 천연가스보다 다목적성이 떨어짐. 작업 조건을 맞추기 어렵고 작업도 위험함.
생물 연료	그렇다. 원료 식물을 재배할 땅이 필요함	다목적성. 혼합하여 차량 연료로 사용할 수 있음. 원료 식물이 성장하면서 탄소 흡수.	연소 시 탄소 배출.	식량 생산에 사용할 농지를 너무 많이 사용. 석유를 대체하기에 충분할 정도로 원료 식물을 재배하려면 엄청나게 넓은 농지가 필요함.
태양열	그렇다. 태양 에너지를 사용함.	재생 가능한 청정 에너지원.	태양 전지판을 설치할 넓은 공간이 필요함.	춥거나 흐린 날씨에는 그다지 효율적이지 않음.
풍력	그렇다.	재생 가능한 청정 에너지원. 탄소를 배출하지 않음.	풍력 터빈은 소음이 심하고 보기도 흉측함. 새들에게 위험할 수 있음.	특정 장소와 시간에만 사용할 수 있음. 풍력 터빈을 설치할 공간이 필요함.
수력 (강과 댐 이용)	그렇다. 특정 장소에서만 사용 가능.	재생 가능한 청정 에너지원. 탄소를 배출하지 않음.	댐 설치로 계곡이 물에 잠기고 생물의 서식지에 변화가 생길 수 있음.	주로 산이나 해안가에서 이용 가능. 인구 집중 지역까지 이르는 긴 설치 라인이 필요함.
조력	풍부. 그러나 이용하기 어렵고 값이 비쌈.	재생 가능한 청정 에너지원. 탄소를 배출하지 않음.	조력 발전 댐이 생태계를 파괴할 수 있음.	초기 비용이 너무 많이 들어감.

뿐이지요.

석유 회사들도 석유를 대체할 에너지원에 관심을 두고 있습니다. 이들은 새로운 석유 공급원을 찾으려 노력하는 한편 재생 에너지원을 개발하고 있습니다. 그러나 재생 에너지 부문에 대한 투자 규모는 매우 작습니다. 〈뉴욕 타임스〉에 따르면 쉘은 2004년부터 2009년까지 재생에너지 부문에 1조 원을 투자했다고 합니다. 같은 기간에 이 회사가 석유와 천연가스 부문에 95조 원을 투자한 것에 비하면 이 정도는 새 발의 피에 불과하지요.

어떻게 해야 할까요?

딥워터호라이즌호 참사 이후 수많은 국가가 해양석유시추의 장점보다는 사고 발생 위험에 더 큰 관심을 두게 되었습니다. 또한 석유나 타

▎지구 온난화로 해수면이 조금만 상승해도 몰디브 같은 섬은 바다 밑으로 가라앉는다.

르샌드에 의존하는 것의 문제점에 대해서도 생각해야만 했지요.

일부 국가에서는 시추를 잠정 중단했지만 석유 수요가 줄지 않는 한 해양석유시추는 분명 계속될 것입니다. 아무리 거센 반대에 부딪히더라도 말이지요. 기술이 발전하면 북극해처럼 멀고 깊은 바다에서도 석유를 찾아낼 수 있을 것입니다. 이 지역에서 작업하는 시추선과 구조물은 지독한 추위와 빙산이라는 극한 환경에 노출될 테지요.

차량용 연료와 발전용 연료에 변화가 생기지 않는 한 세계의 석유 사용량은 계속 늘어날 것입니다. 또한 지금처럼 석유 의존도가 높으면 이산화탄소 배출에 따른 지구 온난화가 가속화될 것입니다. 석유 유출 사고보다 지구 온난화로 인한 기후 변화와 해수면 상승이 우리의 환경과 생활에 더 큰 영향을 미칠 수 있어요.

해양석유시추는 정치적 문제도 일으킵니다. 영국과 아르헨티나는 1982년에 포클랜드 제도에 대한 **영유권**을 놓고 전쟁을 벌였습니다. 포클랜드 제도를 중심으로 한 남대서양 해저에 석유가 매장되어 있을 가능성이 있었기 때문이지요. 그 당시에는 전쟁의 원인이 표면화되지 않았지만, 이 잠재 유전 때문에 포클랜드 전쟁이 벌어진 것이라고 주장하는 사람들이 많습니다.

석유는 우리 사회에 많은 영향을 미칩니다. 석유 덕분에 우리는 편리한 생활을 누리지요. 하지만 석유 때문에 지구 곳곳에서 전쟁, 사고, 환경오염 같은 많은 문제가 일어나기도 해요. 그렇다면 우리는 어떻게 해야 할까요? 깊은 바닷속에 숨겨진 석유를 몽땅 찾아내는 것이 우선일까요? 아니면 자원을 절약하거나 대체 에너지를 찾는 것이 우선일까요?

바다를 탐사하기 전에 우리가 가장 먼저 해야 할 일은 석유를 절약하는 것이다.

– 셔우드 보엘럿 미국 정치가

우리는 알래스카의 야생 동물 보호 구역에서 석유를 시추하는 것을 허용해야 한다. 이는 수백만 배럴의 석유와 수천만 세제곱미터의 천연가스를 공급할 것이다.

– 맥 손베리 미국 텍사스 주 팬핸들 대변인

간추려 보기

- 석유 부족에 대한 대안으로 석유를 절약하거나 해양석유시추같이 새로운 석유 공급기술을 개발하는 방법이 있다.
- 다른 대안으로는 수력, 풍력, 원자력 에너지 같은 대체 에너지를 개발하는 방법이 있다.

용어 설명

ㄱ

개발도상국 산업 근대화와 경제 개발이 뒤쳐진 국가. 선진국과 대조되는 개념으로 제2차 세계 대전이 끝나고 독립한 아시아, 아프리카, 중남미의 국가를 일컫는다. 과거에는 이 국가들을 후진국이라고 불렀으나 현재는 발전 과정에 있는 국가들을 지칭하는 개발도상국이라는 단어로 바꿔 부른다.

경지 일정한 경계 안에 있는 땅.

고형 결정체 분자가 모여 고체로 형상을 이룬 물체.

국영 국가에서 직접 경영하는 것.

ㄷ

다공성 물질의 표면이나 내부에 작은 구멍이 많이 있는 성질.

대륙붕 바닷속에 있는 육지와 연결된 완만한 땅. 대륙붕이 있는 바다의 수심은 평균 200미터 내외이며 경사는 0.1도 정도다. 육지와 가장 가까운 곳에 있는 해저 지형으로 다양한 식물성 플랑크톤과 바다 동식물이 산다. 자원도 많이 매장되어 있어 경제적 가치가 높다.

디젤 디젤 엔진에 사용되는 연료. 디젤 엔진이란 독일의 기계 기술자 루돌프 디젤이 개발한 내연 기관으로 공기를 압축한 뒤 경유나 중유를 분사하여 폭발시켜 피스톤을 움직이는 기관을 말한다. 디젤 엔진은 경유나 중유를 사용한다.

ㅁ

민간 관청이나 정부에 속하지 않은 상태.

ㅂ

배럴 석유를 재는 단위. 예전에는 액체를 재는 단위로 통틀어 사용되었으나 최근에는 석유를 재는 단위로 많이 사용한다. 'bbl'이라는 단위로 표시하며 1배럴은 159리터고, 1리터는 0.00629배럴이다.

ㅅ

석유 플랜트 석유를 생산하는 설비. 유전에

서 석유를 채취하면 송유관을 통해 석유 플랜트로 보내 발전소 등에서 사용할 수 있는 상태로 만든다.

성숙 유전 석유 생산량이 정점에 도달한 유전이나 생산량이 점차 떨어지는 유전. 최근 조사에 따르면 내륙의 유전 대부분이 성숙 유전으로 밝혀졌다.

송유관 석유를 수송하는 배관.

습지대 습한 지대. 하천이나 연못, 늪으로 둘러싸인 습한 땅으로 다양한 동식물이 서식하는 지대다.

시추공 석유를 시추하기 위해 땅에 뚫은 구멍. 해양석유시추를 할 때는 이 구멍에 이수를 넣어 유정이 붕괴되는 것을 막는다.

시추관 석유를 시추하기 위해 땅에 삽입한 관. 시추관을 통해 유전의 석유가 뿜어져 나온다.

시추선 석유를 시추하는 배. 유전 탐사에도 사용되며 이동성은 높지만 안정적이지 않다.

ㅇ
야생지 사람이 재배하거나 길들지 않은 야생 동식물이 자라는 곳.

어는점 액체를 냉각시켜 고체로 변화하기 시작하는 온도. 빙점이라고도 하며 물의 어는점은 0도다. 순수한 물질의 경우 어는점과 녹는점이 같다.

역청 석유나 천연가스. 석탄이나 이들을 가공한 물질을 통틀어 일컫는 말. 일반적으로 석유를 가공하면 생기는 아스팔트나 타르 등을 의미한다.

연근해 육지와 가까운 바다. 연안과 근해를 합쳐서 부르는 말로 일반적으로 수심 200미터까지의 바다를 말한다.

영유권 일정한 영토에 대한 해당 국가의 권리.

우호적 사이가 좋은 것. 개인이나 국가끼리 서로 호감을 가진 상태.

유전 석유가 묻힌 특정한 지역이나 지층.

유조선 석유를 운반하는 배. 유송선, 오일탱커라고도 부른다. 유조선이 석유를 운반할 때는 액체 상태 그대로 탱크에 넣어 수송한다.

음파 물체가 진동하여 생기는 파동. 공기나 액체, 고체 같은 매질을 통해 나타난다.

의존도 다른 것에 의지하는 정도.

인권 사람으로서 당연히 누려야 할 권리. 성별, 외모, 국적 등의 정체성에 구애받지 않고 보호받아야 할 권리로 자유, 평등 등을 포함한다.

임대 자신이 소유한 물건을 요금을 받고 다른 사람에게 빌려 주는 행위.

ㅈ

전기 저항 물체에 전류가 통과하기 어려운 정도. 물체가 이동할 때는 이동을 방해하는 저항이 있을 수 있는데, 전기 저항은 전기가 흘러갈 때 나타나는 저항을 말한다.

제트 연료 제트기에 사용하는 연료.

조석력 지구에 작용하는 태양과 달의 끌어당기는 힘. 조석력은 지구와 거리의 세제곱에 반비례하기 때문에 지구와 가까운 달의 조석력이 더 크다. 조석력으로 인해 밀물과 썰물이 생기고 이를 이용해 전기를 만드는 수력 발전소도 있다.

중유 원유에서 석유와 가솔린, 경유 등을 채취하고 나서 얻는 기름. 디젤 기관이나 보일러에 사용된다. 증발이 잘 되지 않아 연소되기 어려우며 발열량이 높아 열효율이 뛰어나다.

증류 어떤 물질이 녹아 있는 액체를 가열하여 생긴 기체를 냉각시켜 순수한 액체를 얻

는 과정. 예를 들어 소금물을 끓이면 소금은 남고 물은 수증기가 된다. 이 수증기를 냉각시키면 순수한 물이 되는데 이러한 과정을 증류라고 한다.

지질학자 지질학을 연구하는 사람. 지질학이란 지각, 즉 땅을 연구하는 과학으로 지각의 조성, 성질, 역사, 구조 등을 다룬다.

지형도 땅의 형태와 땅에 있는 건물 등을 정교하게 그려낸 지도. 지형도를 통해 거리, 면적, 높낮이와 같은 땅의 형태와 강, 산, 건물, 도로 등의 요소를 파악할 수 있다.

집유소 석유를 모으는 곳.

ㅊ

착암기 금속이나 바위, 땅에 구멍을 뚫는 공구. 드릴이라고도 말한다.

ㅌ

태양 전지판 태양열을 모아 전기를 만드는 판. 태양력 발전을 할 때 이용한다.

터빈 물이나 가스, 증기 등 다양한 유체가 가진 에너지를 이용하여 기계적인 동력으로 변환하는 장치. 예를 들어 증기 터빈의 경우 증기를 터빈의 날개에 고압으로 분출시키면 날개가 증기에 밀려 바람개비처럼 돌아가면서 동력을 생산한다.

퇴적암 광물이 쌓여 만들어진 암석. 바위에서 떨어진 모래나 진흙, 소금 등이 물이나 바람에 의해 운반되어 땅에 쌓여 굳으면 퇴적암이 된다. 퇴적암은 겹겹이 쌓여 만들어져서 대부분 줄무늬가 있다.

ㅎ

하이브리드 서로 다른 요소가 섞인 것. 혼합물이라는 뜻의 영어 단어 'Hybrid'에서 유래했다. 예를 들어 하이브리드 자동차는 석유를 사용하는 내연 엔진과 전기를 사용하는 배터리 엔진을 동시에 장착한 자동차를 말한다.

해수면 바닷물의 표면. 밀물과 썰물에 의해 해수면의 높이는 항상 변화하며 해수면에서 어떤 물체의 꼭대기까지의 거리를 해발고도라고 한다.

휘발유 끓는점이 30도에서 200도 정도인 액체 석유. 가솔린이라고도 하며 증발이 잘 되고 불이 잘 붙는 특징이 있다. 자동차, 항공기 연료로 많이 사용되며 세탁소에서 드라이클리닝을 할 때도 사용한다.

연표

기원 전	**3000년 경**	메소포타미아 지역의 수메르인들이 아스팔트로 조각상을 만들었다.
	2000년	고대 서양인들이 땅에서 저절로 올라온 석유를 윤활유로 사용했다.
	400년	페르시아 군대가 아테네 군에게 불화살을 쏘기 위해 화살촉에 석유를 발랐다.
기원 후	**5~6세기**	중국에서 석유를 치료약으로 사용했다.
	11세기 경	송나라의 심괄이라는 과학자가 《몽계필담》이라는 저서에서 "석유는 후세에 필수품이 될 것이다."라고 예견했다.
	12세기 경	아랍인이 스페인을 침공하여 유럽에 석유가 전해졌다.
	1859년	미국에서 에드윈 드레이크가 유전을 발견했다. 이를 계기로 미국에 석유 회사가 우후죽순으로 등장했다.
	1879년	독일의 사업가 니콜라우스 오토가 가솔린으로 작동하는 내연 기관을 만들었다. 이 기관을 이용하여 고틀리에프 다임러가 가솔린 자동차를 만들었다.

1882년	록펠러가 스탠다드 오일 주식 회사를 설립했다. 스탠다드 오일은 현재 엑슨모빌이라는 세계 최대 규모의 석유 회사가 된다. 록펠러는 석유 산업으로 엄청난 부를 거머쥐고 '석유왕'이라고 불린다.
1880년대	스탠다드 오일이 한국에 처음으로 진출했다.
1903년	헨리 포드가 포드 자동차를 설립하면서 가솔린 자동차의 수요가 폭발적으로 증가했다. 이에 따라 석유 산업도 발전했다.
1908년	영국인 기업가 윌리엄 녹스 다시가 이란에서 세계 최대 규모의 유전을 발견했다.
1910년대	한국에 미국 텍사코 오일, 영국 쉘 사가 진출했다. 한국 최초의 주유소인 역전 주유소가 탄생했다.
1914년	영국이 앵글로–페르시아 석유 회사의 지배권을 획득하고 중동의 석유를 독점하여 미국의 석유 회사와 갈등이 생겼다. 앵글로–페르시아 석유 회사는 훗날 주요 석유 회사인 BP가 된다.
1930년대	전 세계에서 석유 분해 연구가 본격적으로 시작되어 석유를 다양한 용도로 사용하기 시작했다.
1935년	한국에서 조선 석유 주식회사가 설립되었다. 조선 석유

주식회사는 한국 최초의 정유 공장이다.

1947년	멕시코 만에서 세계 최초로 해양석유시추가 시작되었다.
1951년	전 세계에 석유를 공급하던 이란이 석유 시설을 국유화하기로 선언했다. 이란의 유전에서 석유를 추출하던 BP가 이에 반발하여 갈등이 생겼다.
1954년	이란이 영국에 배상금을 지급하고 석유 시설을 완전히 국유화했다.
1950년대	한국에서 대한 석유 정제 회사가 직접 석유를 판매하기 시작했다.
1960년	중동의 주요 석유 수출국이 석유 가격이 떨어지는 것을 막기 위해 석유 수출 기구(OPEC, Organization of Petroleum Exporting Countries)를 결성했다.
1960년대	한국에서 대한 석유 공사법이 만들어지면서 대한 석유 공사가 설립되었다.
1973년	중동 전쟁이 일어나자 석유 수출 기구가 석유 수출 가격을 기존의 4배 수준으로 책정하여 제1차 석유 파동이 일어났다.
1978년	이란에서 혁명이 일어나 석유 공급량이 적어지고 제1차 석유 파동으로 인해 폭등한 석유 가격이 고공 행진을 거듭하면서 제2차 석유 파동이 일어났다. 이로 인

해 석유 의존도가 심했던
서방 선진국의 경제가 악
화되었고 세계적으로 물
가가 상승하여 경제 공황이
일어났다.

1979년   멕시코 만에서 탐사 중이었던 유정
익스톡이 붕괴되며 엄청난 양의 원유가
유출되었다.

2007년   한국 서해안 태안 앞바다에서 유조선 간 충돌로 원유가 유출되는
사고가 일어났다.

2010년   멕시코 만 마시시피 캐니언에서 딥워터호라이즌호 원유 유출
사고가 일어났다.

더 알아보기

엑슨모빌, BP, 쉘사 www.exonomobil.com, www.bp.com, www.sheel.com
주요 석유 회사의 웹 사이트다. 석유 산업과 관련한 최신 이슈, 공학 기술, 석유 산업의 종류 등을 알 수 있다. 또한 기후 변화 같은 환경 관련 쟁점에 대한 회사의 정책, 활동 상황을 상세히 전달한다.

그린피스 www.greenpeace.org
그린피스는 국제 환경 보호 단체로 석유 시추와 유전 탐사로 인한 환경오염과 생태계 파괴에 반대하는 운동을 펼친다. 또한 파괴된 자연을 되살리는 노력을 한다. 이 웹 사이트에서는 그린피스의 간단한 소개와 현재 활동 상황, 언론 자료 등을 얻을 수 있다.

한국 석유 공사 www.knoc.co.kr
한국에 석유를 안정적으로 공급하기 위해 설립된 공기업이다. 한국 석유 산업의 현 위치와 앞으로의 계획, 석유 관련 정책 등을 제공한다.

대한 석유 협회 www.petroleum.or.kr
석유와 석유 산업의 발전을 도모하고 관련 정보를 제공하는 단체다. 석유 산업과 관련된 다양한 통계 자료와 논문, 간행물을 볼 수 있으며 석유에 관련된 상식을 만화와 동영상으로 제공한다.

찾아보기

내인생의책은 한 권의 책을 만들 때마다
우리 아이들이 나중에 자라 이 책이 '내 인생의 책'이라고 말할 수 있는 책을 만들고자 합니다.

세상에 대하여 우리가 더 잘 알아야 할 교양

33 해양석유시추 문제는 없는 걸까? (원제:Offshore Oil Drilling)

닉 헌터 글 | 이은주 옮김 | 최종근 감수

초판 인쇄일 2014년 5월 15일 | 초판 발행일 2014년 5월 23일
펴낸이 조기룡 | 펴낸곳 내인생의책 | 등록번호 제10-2315호
주소 서울시 강서구 가양동 52-7 강서 한강자이타워 A동 306호
전화 (02)335-0449, 335-0445(편집) | 팩스 (02)6499-1165
전자우편 bookinmylife@naver.com | 카페 http://cafe.naver.com/thebookinmylife
편집장 이은아 | 책임편집 진송이
편집 1팀 신인수 이다겸 이지연 김예지 | 편집 2팀 박호진 이민해 조정우
디자인 최원영 심재원 | 경영지원 김지연 | 마케팅 이성민 서영광

이 책의 한국어판 저작권은 시빌에이전시를 통해
영국 Capstone Global Library 출판사와 독점 계약으로 내인생의책에 있습니다.
저작권법에 의해 한국 내에서 보호를 받는 저작물이므로 무단전재와 무단복제를 금합니다

ISBN 979-11-5723-001-3 44300
ISBN 978-89-91813-77-2 44300(세트)

Offshore Oil Drilling by Nick Hunter
Under licence to Capstone Global Library Limited.
Text © Capstone Global Library Limited 2012
All rights reserved.
Korean translation copyright © 2014 by TheBookinMyLife Publishing Co
This Korean edition is published by arrangement with Capstone Global Library Limited through Sibylle Books Literary Agency, Seoul, Korea

책값은 뒤표지에 있습니다. 잘못된 책은 구입처에서 바꾸어 드립니다.

이 도서의 국립중앙도서관 출판시도서목록(CIP)은 e-CIP 홈페이지(http://www.nl.go.kr/ecip)에서 이용하실 수 있습니다.
(CIP제어번호: 2014015440)

디베이트 월드 이슈 시리즈

세상에 대하여 우리가 더 잘 알아야 할 교양

전국사회교사모임 선생님들이 번역한 신개념 아동·청소년 인문교양서!

《디베이트 월드 이슈 시리즈 세더잘》은 우리 아이들에게 편견에 둘러싸인 세계 흐름에서 벗어나 보다 더 적확한 정보와 지식을 제공합니다. 모두가 'A는 B이다.'라고 믿는 사실이, 'A는 B만이 아니라, C나 D일 수도 있다.' 라는 것을 알려 주면서 아이들이 또 다른 진실을 발견하도록 안내합니다.

★ 전국사회교사모임 추천도서 ★ 문화체육관광부 우수교양도서 ★ 한국간행물윤리위원회 청소년 권장도서 ★ 서울시교육청 추천도서
★ 보건복지부 우수건강도서 ★ 아침독서 추천도서 ★ 대교눈높이창의독서 선정도서 ★ 학교도서관저널 추천도서

① 공정무역 ② 테러 ③ 중국 ④ 이주 ⑤ 비만 ⑥ 자본주의 ⑦ 에너지 위기 ⑧ 미디어의 힘 ⑨ 자연재해 ⑩ 성형 수술
⑪ 사형제도 ⑫ 군사 개입 ⑬ 동물실험 ⑭ 관광산업 ⑮ 인권 ⑯ 소셜 네트워크 ⑰ 프라이버시와 감시 ⑱ 낙태 ⑲ 유전
공학 ⑳ 파임 ㉑ 안락사 ㉒ 줄기세포 ㉓ 국가 정보 공개 ㉔ 국제 관계 ㉕ 적정기술 ㉖ 엔터테인먼트 산업 ㉗ 음식문맹
㉘ 정치 제도 ㉙ 리더 ㉚ 맞춤아기 ㉛ 투표와 선거 ㉜ 광고